学校体育
与校园文化建设研究

周凤鸣　著

吉林人民出版社

图书在版编目(CIP)数据

学校体育与校园文化建设研究 / 周凤鸣著.--长春：吉林人民出版社，2024.5.--ISBN 978-7-206-21083-9

Ⅰ．G807；G47

中国国家版本馆 CIP 数据核字第 2024852HC5 号

学校体育与校园文化建设研究

XUEXIAO TIYU YU XIAOYUAN WENHUA JIANSHE YANJIU

著　　者：周凤鸣

责任编辑：金　鑫

出版发行：吉林人民出版社(长春市人民大街 7548 号 邮政编码：130022)

印　　刷：唐山才智印刷有限公司

开　　本：787mm×1092mm　　1/16

印　　张：9.5　　　　　　　字　　数：134 千字

标准书号：ISBN 978-7-206-21083-9

版　　次：2024 年 5 月第 1 版　　印　　次：2024 年 5 月第 1 次印刷

定　　价：68.00 元

前　言

　　体育活动是人体运动的一种形态,是人类的社会实践活动,它在人的主观意识支配下进行,同时又反作用于人的主观世界。通过学生们长期的体育实践活动,逐渐形成了学校的一种风气和特色,与此同时,也就构建了一种文化环境和精神氛围,使生活在其中的每一个个体有意或无意地在思想观念、心理素质、行为方式、价值取向等诸方面与既定文化发生认同,从而实现对人的精神、心灵、品格的塑造,而这种文化环境和精神氛围的构建,也恰恰是在进行着校园文化的自身建设。体育活动还能给学生带来一种美的享受,使学生进入一个崇高的精神境界,激发学生对真、善、美的追求,培养他们高尚的道德情操,所以,学校体育与校园文化建设是密不可分的。

　　体育文化是校园文化的重要组成部分,是高等院校师生接触最为广泛、最有活力、最富创意的一种文化。校园体育文化以其特有的文化氛围对广大师生产生着潜移默化的影响。本书的核心内容是校园体育文化建设,首先在分析体育文化、校园体育文化理论的基础上,提出了校园体育文化建设的基础指导;然后对校园体育健身文化、竞技文化、艺术文化建设进行了分析;最后进一步探讨校园体育文化的延伸与拓展。本书研究视角独特,观点鲜明,关于校园体育文化建设的研究具有一定的前沿性、实践性和可行性。

　　在撰写本书的过程中,笔者查阅和借鉴了大量的相关资料,在此向其作者表示诚挚的感谢。书中难免出现纰漏,恳请广大读者指正。

目　录

第一章

体育文化综述

第一节　体育文化的概念

关于体育文化的概念,我国学者一直在不断地进行分析和讨论,当前比较有代表性的概念分析有无统一说、精神说和层次说,下面我们将一一进行分析。

一、无统一说

无统一说是我国学者张进才在《体育文化基本概念辨析》中提到的,主要是指不同的学者对于体育文化的概念有着不同的看法。产生这种现象的主要原因在于学者们的观察角度不同,强调的侧重点也不同,如有的从身体素质的角度来进行定义,有的是从体育运动过程的角度进行定义,有的是从体育具体器材的角度进行定义,还有的学者在持续多年的观察中,随着社会发展与科学进步以及学科不断交叉分化,对体育文化的概念形成了新的见解,或者产生了新的概念。

我国学者任励标在《我国体育文化研究 30 年述评》中论述关于体育文化的概念有十几种,不同学者需要结合体育文化中不同内容、功能等方面来界定体育文化的概念。

唐炎在《主体性与社会身份:关于体育文化认识取向的探讨》中提到,体育文化概念在现阶段还没有统一明确的界定,因此我们应该跳出社会的固定思维来对体育文化的概念进行认识,认识到体育文化就是体育在社会中的一种身份。

从上述学者们的言论中我们可以看出,给体育文化确定概念是十分困难的,因此目前我国尚没有对体育文化提供一个确定的、公认的概念。虽然并不能否认各位学者在探索体育文化概念这条道路上的贡献,但是不统一的概念研究,不利于体育文化的建设和研究。

二、精神说

精神说也是体育文化概念探索中的重要组成部分。易剑东教授在《体育文化学》中认为,"体育文化是一种利用身体活动以改善人类身体素质、追求精神自由的实践活动"。这种观点侧重于体育是一种实践活动,人们在满足物质需求之后,就需要通过体育运动来进行养生和保健,从而使自身的精神文化素养得到提升。

赵军在《国内外体育文化研究述评》中从两个方面对体育文化的概念进行了阐述:第一点是体育文化起源说,即体育是从生产劳动、部落战争、娱乐活动、自身人性中发起的;第二点是国内体育文化界阐述的身体文化、竞技文化、身体教育、行为文化、中义文化。通过对这两个概念的总结和归纳,赵军认为体育文化是人们在社会生活、体育活动中创造的体育和精神产品。

任莲香在《体育文化论纲》中认为,体育文化的概念是由"体育"和"文化"两个概念决定的,只有对"体育"和"文化"这两个概念进行了认识,达成了共识,才能够使体育文化的概念得到完善。任莲香将"体育"分成了学校体育、竞技体育和群众体育三个领域,将"文化"分成了人化说、人造说、精神说和知识说四个层次。在对"体育"和"文化"这两个概念进行整合之后,任莲香得出了体育文化的概念:在以身体的活动为基本形式、以身体的竞争为特殊手段、以身体的完善为主要目标的体育活动过程中有关人的精神生活的方面。

三、层次说

层次说也是体育文化概念理论中的一个比较重要的分支,对体育文化的层次分别进行了论述。

(一)实践理论层次说

实践理论层次说主张体育是一项有目的的、有人参与的身体活动。从实践层面上来看,体育文化比较重视操作性,如开幕式、闭幕式、颁奖典礼、文艺演出等;从理论层面上来看,体育文化比较注重运用人文社会科学方法来研究体育的思想、观念和制度等问题。虽然该理论从实践和理论这两个层次对体育文化的概念进行了分析,但是一些赛事、教学训练等在概念中找不到对应的含义,因此依然不够完善,有提升的空间。

(二)物质中间精神层次说

我国有的学者指出体育文化是人类体育运动的物质、制度、精神文化的总和。在我国著作中也有关于"物质、中间、精神"层次下体育文化概念的论述。王振涛、刘伟等在《新形势背景下我国体育文化的创新与发展》中,将体育文化分为三个层次来理解:一是内层精神文化,指体育精神和体育认识等;二是中间层制度文化,主要指的是体育组织形式、教学训练体系;三是外层物质文化,主要指器材、设备实体等。

鲁飞在《论体育文化的内核结构及我国和谐体育文化的内涵》中,也从结构角度将体育分成了三个层次:一是内核层,指的是体育价值观、审美等;二是中间层,指的是体育制度、赛事运作等;三是外层,指的是体育馆、体育赛事等。其中内核层是体育文化的发源地,对体育的价值观和文化走向起到决定性的作用。

翁永良在《试论和谐体育文化》中,将体育文化也分为三个文化层次:一是精神文化,包括体育观念、思想等;二是行为文化,包括体育运动、规则、规范等;三是物质文化,包括器材、用具等。这种观点认为,体育文化只是文化的一个子系统,与各个学科都有着密切联系,体育文化的概念在不同学科中有着不同的含义。

杨文轩、冯霞在《体育文化在社会主义精神文明建设中的地位和作用》中提出体育文化从古至今是一直存在的,并从哲学的角度对体育文化的内容进行了分析,主要分为体育物质文化、体育精神文化和体育制度文化这三个组成部分。

冯胜刚在《对"文化"和"体育文化"定义的求索》中也明确提出:"体育文化只是文化大系统中的一个方面,通过对文化概念的界定,就能够对体育文化的概念进行界定。"他将文化的结构分为三个层次,即核心层、中间层、外层次。核心层主要包括价值观念、精神层次等;中间层主要是人类对自身、自然社会等方面的认识;外层次主要是指人在核心层和中间层的指导下发生的有意识的行为方式。同时,他也对体育文化的概念做出了界定:体育文化,就是人类在所有的体育现象及促进体育发展的活动中,在价值观念、精神状态、情感倾向等层面,在理论认识、方法手段、技能技术等层面表现出来的思维方式,与在有意识的实践活动中表现出来的行为方式的总和。

这些学者分别从物质、中间、精神层面,对体育文化进行了概括,他们的很多论点都相同,主要在中间层的认识上有一些差异。

(三)物质实践制度精神层次说

牛亚莉在《浅议体育文化概念的内容》中,将体育文化看为一个系统,主要划分为四个层次:价值与观念(体育价值观、精神层次)、规范(体育比赛遵守的比赛规则、道德规范)、技术与体育(运动项目与体育运动的功能)和物质文化(体育场馆、服装等)。通过这四个层次来对体育文化的概念进行概括和归纳,能够使体育文化的分类更加合理,也能够使社会各界人士更深刻地对体育文化进行理解,从而有利于体育文化的推广和发展。

(四)体育文化的创新概念

随着科学的不断发展和社会的不断进步,人们对于很多问题的看法都发生了改变,对于生物学的文化定级和宇宙文化概念提出了新的看法。体育文化是文化系统的组成部分之一,随着科学的进步与发展,各个基础学科之间的不断交叉与分化以及人类认识能力的不断提升,其概念也将发生改变。由此可见,体育文化的概念并不就是一成不变的。

因此,在不断吸取实践经验,以及对各位学者的研究成果进行整理和融合的基础上,可以大致将体育文化的概念确定。所谓体育文化,是指人通过体育活动在改造客观世界、调节自身情感、协调群体关系的过程中所表现出来的时代特征、地域风格和民族样式。从广义上来讲,体育文化是指为丰富人类生活、满足生存需求,以身体为媒介,把满足人类需求的身体活动进行加工、组织和秩序化,形成获得社会承认的、具有独立意义和价值的文化。它包括精神文化(体育观念、意识、思想、言论等)和行为文化(体育行为、技术、规范、规则等)两大部分。从狭义上来讲,体育文化是将生产于社会生活的体育作为有价值的活动加以肯定,并赋予一定的知识文化内涵,从而使体育由自然活动变成文化活动。它包括与艺术、学术、文化娱乐以及传播媒介等有关的体育活动和体育作品,如体育舞蹈、艺术体操、武术、体育摄影、体育雕塑、体育建筑、体育音乐、体育文学、体育研究、体育大众传播等。

第二节 体育文化的内涵

体育活动、体育锻炼及体育竞技,是伴随人类社会的形成出现的,因为没有任何一个群体或者社会不重视自身的发展与强大。"体育文化"一词在最开始的时候被称为身体文化。到了 19 世纪末期,人们对体育文化有了更加广泛的解释和应用。在 20 世纪,对于体育文化的解释更具多样性、多元性。在我国学者看来,体育文化是在提高人们生活质量的过程中,所创造和形成的一种物质和精神财富,包括与之相适应的社会组织及规范体育活动的各种思想、制度、伦理道德、审美观念以及各种改革举措及相应的成果。在对体育文化的内涵进行探索的过程中,有人认为体育文化主要包括体育观、体育价值观、体育行为准则、体育道德等,这些社会意识形态能够对体育方式、民族风俗等进行反映。还有人认为,体育文化主要包括了体育科学和体育的价值、观念、意识、心理等社会因素。体育文化着重对社会现象进行研究,而不着重于对生物现象进行研究。

虽然当前人们对于体育文化的认识还没有完全统一,对其概念和使用范围依然存在争议,但是体育文化所产生的意识形态和体验,包括体育文化创造的方法、手段、技术等,都在人类的社会生活中产生了一定的影响,是一种不可或缺的文化现象。体育具有健身性、娱乐性、民族性、艺术性、竞争性、教育性和全民性等基本特征。

一、健身性

从实践中我们可以发现,参加体育活动能够对人们的身体力量进行改善,能够使人们的综合素质,如力量、速度、灵敏、柔韧、耐力等得到提高,能够有效地促进身心健康的发展,并且能够提升人们对外部环境的适应能力,达到增强体质的目的。

二、娱乐性

体育活动还具有非常明显的休闲娱乐特性,能够改善人们的生活质量。通过体育文化运动,能够丰富人们的日常生活,并且为人们提供一种积极、向上的氛围,能让人们的生活充满趣味和快乐。在具有娱乐特性的体育文化中,按照参加者在活动中的方式,可以分为观赏性娱乐活动和运动性娱乐活动。

三、民族性

在我国乃至世界,体育都具有非常明显的民族特征。由于参加体育的人在生存环境、文化底蕴、社会和经济生活、历史和发展原因的不同,其参与的体育活动具有很大的差异性,这就是体育的民族性。例如,中国有武术、太极拳等体育运动,西班牙有斗牛等体育运动。体育在过去和未来的发展,虽然存在着一定程度的差异性,但是又受到世界统一性的严格规定,各个国家、各个民族在体育活动方面的共同点越来越多,实现了不断的融合和渗透。

四、艺术性

体育文化具有很强的艺术性,人们在观赏的过程中,会在视觉上感受到艺术之美。尤其在竞技体育之中,高水平的比赛既是技术水平的比拼,也是一种超高水平的艺术表演,高超、完美的动作以及运动员矫健的身姿,都给人以艺术的欣赏和美的享受,令人回味无穷。

五、竞争性

体育具有鲜明的竞争特征,主要表现为运动场上两个以上的个人或者团体,在统一规则的指引下,共同对竞争目标进行争夺。同时,体育的竞争特性不仅反映在竞技体育上,也反映在群众体育上。可以说,现代体育比赛不仅是身体素质、技术、经验的比拼,也是思想意志、思想品德和顽强拼搏精神的比拼,是一种全面的竞争。

六、教育性

教育性也是体育文化非常鲜明的特征和功能。总体来说,体育文化的教育特性主要有两个含义:首先,从体育文化的诞生之日起,就是教育的一个组成部分,它与德育、智育、美育等结合,是全面教育的重要内容和手段;其次,从体育文化产生的那一天开始,就将教育的理念孕育在体育之中,在体育运动中能够培养人们的思想品德,培养人们的爱国主义、集体主义精神,并且能够培养人们勇敢、顽强、拼搏进取的优良品质。

七、全民性

体育的全民性表现为全民的积极参与,在社会不断进步和发展的态势下,大家从沉重的生产劳动中解放出来,有更多的闲暇时间,能够积极参加体育锻炼,强身健体、愉悦身心;通过电视、网络、报纸、杂志等新闻媒体对体育赛事进行关注和探讨;或者亲自来到体育现场观看体育比赛。可以看出,体育已经逐渐变成现代社会中不可或缺的重要内容。

总之,竞争是体育运动的核心。体育的竞争包含着广泛而深刻的、对人类认识能力和创造能力的挑战。这种挑战意识,可以明显地迁移到广泛的社会生活中。通过对体育文化特征的了解,能够培养出社会人才所需的努力拼搏、不断创新、百折不挠、公平竞争和团结协作的团队精神;通过艰苦卓绝的训练和比赛,可以锻炼人的意志及胜不骄、败不馁的顽强韧性;比赛中胜负得失,涉及集体、地区甚至国家的荣辱,能够培养人的责任心、使命感和爱国心;面对强劲对手,要不断地超越自我,超越对手,促使人们增强危机感和竞争意识,不断地向更高目标奋斗;严格的比赛规则、无私的执法,可以引导人们养成维护道德规范、遵纪守法的美德。体育文化是人类社会文化的特殊组成部分,它的兴衰直接反映着社会政治、经济的发展;它的荣辱直接反映着国家、民族的精神,体现民族自尊。人类追求公平竞争,表现民族自尊的精神,在体育运动中都得到了完美的体现。

第三节　体育文化的特点

一、我国现代体育文化的特点

体育文化不只具有体育属性,而且也具有丰厚的文化属性。它既有文化所具有的普遍性特征,也具有共同的体育特性。我们根据对"文化"和"体育文化"概念的理解,很清晰地发现,体育文化可以梳理出三个基本的特征。

首先,我国现代体育文化的发展和形成是一个长期的过程。

通过对体育文化概念和形态的分析,我们可以看出,体育文化的形成并不是一个顺利的过程,而是经过长期的积累和发展,最终才形成的。在体育文化发展的初级阶段,即前体育文化形态中,可能根本就不存在"体育"这个词,只是一些最初的体育现象和一些类体育活动而已。到了现代,体育文化的内涵和外延已经变得比较丰富,并得到一定程度的发展,很多专家和学者也对体育文化的功能和价值、体育文化的形态、体育文化的发展变迁、不同体育文化的比较等进行了深刻而广泛的研究,并且从传统体育文化形态一直研究到现代体育文化形态。体育文化经过了数千年的发展,才有了我们今天所看到的体育文化的形态。由此可见,体育文化的发展和形成是一个长期的过程,不过,今天我们所看到的体育文化形态并不是最后的,也不可能是最后的,体育文化依然处于不断的发展之中。

其次,现代体育文化要想得到继承和发展,必须走"体育教育"和"体育文化传播"的道路。

体育文化与普遍性的文化一样,其传送和传播必须依托一定的载体。一方面,体育文化具有较强的体育属性,与体育运动和体育项目高度相关。在学校,我们能够参加各种体育运动项目,通过参与体育运动,我们接触了体育设备和体育场地;通过参与体育运动,我们了解了体育文化的精神和内涵,认识到了体育的根本规范和制度,体育文化就是在这种亲身体验当中得到传承和发展。另一方面,体育文化传播也是体育文化得以继承和发展的一个重要途径。现代社会中,各类体育文化活动和竞赛的组织性极强、传播力极广。在奥运会、世界杯以及各类洲际竞赛中,各个国家和地域的代表队及运动员之间的沟通、交流与商讨,很大程度上就是一种体育文化的输送和传递,而各类媒体经过电视转播或是报道,可以将任何一个国家和地域的体育文化活动传播到另一个国家和地域,促进了各个国家和地域的文化交流,完成了体育文化的全球范围传播,促进了体育文化的继承和发展。

最后,我国现代体育文化同时具备民族性和世界性。

从地域的角度来划分,当代体育文化主要分为东方体育文化和西方体育文化。无论是哪一种体育文化,我们都可以明确地看出,它既是民族的也是世界的。一方面,体育文化是民族的。每个国家都有独特的体育文化活动,在我国,有五十六个民族,不同的民族也有着独具特色的体育文化活动。如土家族的竹马、傣族的泼水节、哈尼族的打秋千等,都有着浓郁的民族特色,因此体育文化首先是民族的。另一方面,体育文化也是世界的,不同的体育文化从不同的地区和民族中产生,具有不同的体育形态、不同的体育内涵和外延。不过体育文化一旦形成,它就是全世界共享的体育文化。以奥林匹克运动为例,它是在希腊产生的,具有较强的民族特征,可是随着时代的不断发展,如今已经发展成为近现代体育文化的主流和核心,发展成为被世界各国、各地区普遍接受和认可的体育运动和体育文化。从这个层面来讲,体育文化又是世界的。

二、体育文化的价值

在社会发展的过程中,体育文化发挥了非常积极的作用,并且能够在文化的进步上发挥出非常重要的价值和意义。虽然如此,体育文化的价值在目前来看,并没有得到广大社会人士的认同和了解,甚至很多专门研究体育文化的专家和学者,对于体育文化的价值也没有深刻的认识和了解,不利于人们对体育文化的认知,也不利于体育文化的长远发展。因此,下面我们将对体育文化的价值进行简要的分析。

最后,在体育竞赛的过程中,参与者的表现直接反映了国家、民族的精神,体现了民族的自尊。在历届奥运会中,我国选手都有非常优异的表现,使我国体育的国际地位越来越高,也增强了我国人民的民族自尊心、自豪感。

第二章

校园体育文化概论

校园体育文化作为体育文化的一个重要组成部分,它的发展和完善对于校园体育的开展有着非常重要的影响。本章针对校园体育文化进行阐述,内容主要包括校园体育文化的相关概念解析、内涵与本质、结构与内容、特征与功能。

第一节 校园体育文化的相关概念解析

一、文化

文化可以分为广义的文化和狭义的文化。广义的文化包括一切物质、精神财富,是人类作用于自然界和社会成果的总和,又被称为"大文化",其着眼人类社会与自然界的本质区别。狭义的文化指意识形态所创造的精神财富,它专注于精神创造活动及其结果,又被称作"小文化",主要包括道德情操、学术思想、信仰、各种制度、文学艺术、风俗习惯、科学技术等。值得注意的是,狭义的文化从属于广义的文化,二者是不可分割的。

二、校园文化

通常来说,可以从宏观和微观两个方面来对事物加以分析和认知,所以为了对校园文化进行准确又全面的了解,也可以从宏观和微观两个角度来进行阐释。

（一）宏观层面

就宏观角度来看，所谓校园文化是指在学校范围内多种精神或实体存在方式的综合，这主要体现在学校的物质文化、精神文化和制度文化等方面。

（二）微观层面

从微观角度来说，校园文化是一种精神文化和文化氛围的总称，其主要内容是学校课外文化活动。校园文化不同于其他主流体育课程教育形式的课延文化，课延文化是一种课程文化的延伸形式，是校园中一种辅助性的、课外性的课程文化。不管是从宏观角度还是从微观角度来说，校园文化都与课延文化在校园文化中的地位及内容构成方面等存在很大的区别。

三、体育文化

（一）体育文化相关概念辨析

为了更好地认识和理解体育文化，我们需要对体育文化的几个相关概念加以理解。

1.体育文化丛

这是指在一定的时间和空间内得以产生并发展起来的，在功能方面能够相互整合的体育文化特质丛体，它是一个对体育文化特质进行研究的单位。例如，武术文化作为传统体育文化的一个特定内容，在其历史发展中受到文化的辐射。武术文化从其所需的实用性的局限中得以脱离出来，既将攻防技击的精髓保留了下来，又在审美、健身等方面得以更好发展，从而构建起了一个比较完善的传统武术文化丛体。体育文化丛是各种文化特质持续发展、相互整合的结果，共同形成了文化特质交错的体系。

2. 体育文化交流

世界体育是在体育文化相互交流中得以不断演进的,在交流的过程中涉及体育文化观念的相互比较、变迁和冲突,从而更好地推动了世界体育总体的发展。

体育文化交流突破了本民族的保守性,成为进步的表征,这也是体育文化动力的精神力量使然。体育文化的交流,其基本含义主要包括以下四个方面。

(1)体育运动以交流为存在

与其他社会文化方式和形态有着很大的不同,体育运动以交流的形式存在。体育运动向着开放性的方向发展是其竞技性所决定的。这种竞技性既能够从技艺、体能、胜负得分的竞争中得以体现出来,又从竞赛规则、组织制度、价值观念,以及与体育运动有关的依附于体育运动而存在的器物层面等诸多方面得以充分体现。

(2)体育文化的共享性

体育运动是在简洁明了的规则基础上建立起来的,作为一种文化符号,这种规则具备了进行广泛交流的重要前提。这使不同种族、不同语言的运动员能够在同一个竞技场上进行比赛,而不存在其他障碍。

(3)体育交流具有文化载体的性质

体育文化交流从来就不是单纯的体育文化行为,政治、经济、社会文化的多重意义附加在体育文化交流中,从而形成文化载体。

(4)体育文化交流能够将文化关系体现出来

这主要表现为冲突、影响、干涉、融合,并且是双向互动的。在对以西方体育为主的奥林匹克运动进行吸收和武术冲出亚洲走向世界的过程中,都能够将体育文化交流中的文化关系体现出来。

3. 体育文化冲突

随着现代社会的发展,体育文化出现了不同的类型和不同的模式,这些体育文化在价值观念方面不尽相同,甚至因差异非常大而出现冲突,这便是体育文化的冲突。在体育文化交流中,体育文化冲突是一种较为常见的现象。

从体育文化冲突中能够看出,源于传统文化的体育运动方式,在与其他具有不同行为模式、思维方式,甚至游戏规则不同的体育运动相互接触中,会产生消极反应等一系列的心理不适应状态。体育文化冲突产生的原因具体如下:

(1)文化区域上的差异

民族区域是体育运动得以产生的源头,体育文化要比体育交流出现得早一些。虽然从体质学方面来说,身体活动方式具有共同性和一致性,但各种运动的情趣和思路中都蕴藏着民族区域的文化观念。

(2)时代特征的不可超越

在社会文化中,体育运动是其中的主体部分,与时代文化相合拍也是必然的。如古奥林匹克运动同现代奥林匹克运动在意义方面存在差别,现代奥林匹克运动经过 100 多年的发展,也在各个不同的时间段带给人们不同的感觉。体育文化冲突的时代性典型地反映了体育运动的社会性特征。

(二)体育文化的基本含义

就体育文化和体育来说,二者并不等于同一个概念,体育是具有动力性的,而体育文化则是具有结构性的。体育文化和一般文化概念也不同,因为在体育文化中,结构不仅是行动的中介工具,也是行动本身。它并不制约竞争和进取,而是为竞争和进取提供条件和保证。也就是说,体育文化并不是对人类狂野彪悍的原始生命力予以压制和束缚,而是要昂首步入相互促进的轨道之中。

体育文化能够很好地促进进取性道德和竞争心的形成,因此它是具有价值的,也是值得发扬的。体育文化能够很好地克服缺乏竞争能力者的心态,能够很好地对个人和民族的身体素质和精神素质进行改善,使民族的生命力得以增强,对于社会的进步,对于当前正在进行的改革和现代化具有推动作用。体育文化具有如下五个性质。

1. 体育文化的民族性

人类文化既具有共性,同时也具有个性,这种人类文化的差异性,便是其民族性的表现。生活在不同区域的人类创造出的文化具有不同的类型和不同的形态,同时也塑造出具有不同文化特征的群体。每一种形式的民族文化,对于本民族的形成、发展和延续有着非常紧密的关系,同时也与本民族的风土人情、生产水平、经济条件、地理环境、社会结构相适应。

与文化产业相同的是,每一个民族的体育文化都在一定的区域范围之内形成和发展起来了,逐步发展成为全民族共同的文化现象。因此,就这一层面来说,所有的体育文化都是民族的,不存在超越民族的体育文化。但需要注意的是,任何一个民族的体育文化在发展到一定程度后就会产生膨胀,必然将原有的躯壳打破,向外进行扩散,与其他民族的体育文化进行接触,并被动地接受来自外部文化的影响。

体育文化的民族性,其内容核心是民族的心理、语言、性格以及在这个基础上所形成的体育文化模式。生活方式和体育文化的不同是由不同的心理、语言、性格造成的,这些差异又内化在民族的性格和心理等因素之中,使体育文化的民族性得以固化,使之很难被动摇。

2. 体育文化的人类性

所谓人类性是指一个民族的体育文化所蕴含的具有普遍性的品格能够被各个民族所理解或吸收,其主要的动因是人类有能够超越民族限制的共同的理性和需求。民族体育文化能够代表一个民族的整体精神风貌和旺盛的生命力,它具有世界性的意义和价值。如中华民族古老的养生文化具有追求生命质量的人类共性,这是人类体育文化的一部分,有着超越地域、语言、民族、国家界限的力量。

3. 体育文化的变异性

所谓变异性是指在形成和发展的过程中,体育文化在内容、结构、模式等方面发生变化的属性。历史并不是一成不变向前发展的,它需要在历史进程中不断吸取外部世界和其他体育文化的积极和先进的要素,来不断调适自身,这样才能获得进一步发展。在文化发展中,传播和交流是其主要的动力之一。历史发展的曲折性就表现在体育文化发展的方向是进步的,但在前进过程中会有挫折。从殷商开始,中国文化便代代相传,虽然中间出现了很多曲折,但并没有因此而中断,中国体育文化同样也是如此。在经过几次明显的变异之后,中国体育文化先是从秦朝对"武勇"崇尚的体育文化发展成为汉代对"废力尚德"体育文化的推崇,汉代和唐代对足球文化的推崇,发展到了宋代成为单球门的游戏。以上这些变异都像体育文化的属性一样充分体现了出来。

4.体育文化的时代性

文化也具有特定的内容、形态和性质,能够呈现出比较鲜明的时代性。各个时代的体育价值观念也是不相同的,因此对于各个时代的体育文化不能采用同样的标准来进行衡量。要从历史的角度来对体育文化的评价进行审视,既能够从中看到其所具有的进步性,同时也要看到其时代局限性。

体育文化的时代内容与形式使体育文化发展呈现不同的阶段。所有的体育文化都具有民族性,同时也具有时代性,这二者属于一般与特殊的关系。时代性表现为各个不同民族的文化在同一时代表现出相同的时代特点,同一民族在同一时代有着相同的心理变化;民族性表现为各个不同民族的文化在同一时代都具有各自的民族特点。由此可见,文化的民族性就包含在时代性之中,文化的时代性就包含在民族性之中,这是同一内容的两种不同性质。

5.体育文化的继承性

所谓继承性是指在历经各个不同时代的发展之后,体育文化依然对原有的一些特质属性进行了保留。所有的文化都是由人类亲自创造出来的。正是由于人类文化的传播特性和人类意识的历史积累性,使体育文化具备了能够通过图像、文字、语言等媒体在社会价值体系和人类的意识领域中进行传承的特性。当然,体育文化以身体动作为基本形式,因此身体是其主要传承形式,但依附于体育文化之上的独有的语言和文字也具有强大的传承功能,发展至今,体育比赛的数量越来越多,频率越来越高,人们通过采用各类大型体育比赛的形式,来促使体育文化得以更好地传承。在体育文化传承方面,与体育相关的歌曲、谚语、邮票、电影等实物也是不可忽视的主要形式。

四、校园体育文化

(一)不同学者对校园体育文化的解释

周征从广义和狭义两个角度对校园体育文化的概念提出了自己的看法,分析如下:

从广义的角度来看,在学校体育教学、体育活动、体育管理等实践过程中,由师生员工所创造并保存的所有内容即为校园体育文化。

从狭义的角度来看,以学生为主体,教师为主导,在学校体育这个主要空间所形成的文化形态即为校园体育文化。体育道德、体育观念、体育价值、体育行为等都属于校园体育文化的内容,这些内容主要通过体育教学、体育竞技等体育活动形式呈现出来。

魏秋珍认为,人们在校园这一特定的环境中通过实践活动所创造的所有财富总称为校园体育文化,其既包含物质财富,也包含精神财富。

魏秋珍还从广义与狭义两个角度对校园体育文化进行了解释,阐释如下:

从广义上来看,在学校体育教学、体育训练、体育竞赛以及体育设施建设等实践中形成和创造的物质与精神财富,即为校园体育文化。

从狭义上来看,学生的体育思想、体育意识、体育价值观等即为校园体育文化。

卢元镇对校园体育文化概念的解释主要有以下两种。

从广义上而言，在体育教育、体育活动等实践过程中，学校师生依托学校现有条件所创造的物质方面与精神方面的所有内容的总和就是所谓的校园体育文化。

从狭义上来讲，在学校特定的教学环境下和丰富多彩的体育活动中，师生（以学生为主体，以教师为主导）共同作用而形成的体育精神、体育价值观、体育道德、体育能力、体育行为等，即为校园体育文化。

严德一认为，以一定的社会条件（政治、经济、文化、教育等）为依托，由学校内部有形的体育物质环境和无形的体育社会环境共同构成的体育生存氛围就是所谓的校园体育文化。从这一观点来看，校园体育文化极具校园特色。

（二）校园体育文化的概念

以上几种观点有利于我们从不同的角度来认识校园体育文化，当前，关于校园体育文化概念的界定，认可度比较高的是由曲宗湖、杨文轩等学者在《课余体育新视野》一书中提出的校园体育文化是以校园为空间，以学生、教师参与为主体，以身体练习为手段，以多种多样的体育锻炼项目为主要内容，具有独特表现形式的一种群体文化。[①]

第二节　校园体育文化的内涵与本质

一、校园体育文化的内涵

对于校园体育文化可以从广义和狭义两个层面来进行理解：从广义的层面来说，校园体育文化就是在学校现有的环境中，学校师生在体育教

---

① 姜志明，樊欣.大学校园体育文化研究[M].北京：中国林业出版社，2010.

育、体育活动和体育学习等过程中创造出来的精神和物质的所有内容。从狭义的层面来说,校园体育文化是在学校教学环境内,教师主导下的行为主体在各种体育活动中相互作用所创造出来的学校文化形态,是学校这一特殊社区的体育群体意识。

一些学者认为,校园体育文化具有多功能指向的特点,具体如下:

从教育视角来说,校园体育文化能够使学生的思想品质得以提高,培养学生良好的道德品质、体育观念、审美情趣,并对学生的心理特质加以完善。

从发展的视角来说,校园体育文化能够使学生的身体素质、身体机能和智力等方面得到很好的发展。

从教养的层面来说,校园体育文化能够向学生传授一些体育基本知识和基本技能,培养学生良好的体育文化态度,促使学生养成良好的体育学习兴趣和学习动机,并养成锻炼身体的好习惯,提高学生的自我意识。

从社会学的层面来说,校园体育文化能够使学生社会情感和社会意识得到提高,促进学生个体社会化,培养学生良好的社会活动能力,增强学生的人际交往能力。

在参与校园体育文化活动的过程中,既能够使学生自身的心理、身体和人际交往等方面得到更为全面的提升,同时也能够营造出一个积极、健康、向上的校园文化氛围。

二、校园体育文化的本质

校园体育文化是校园文化的重要组成部分,其构成要素是体育物质文化和体育精神文化,它是通过体育文化氛围,体育文化环境,体育文化活动,大多数人共同遵守的法规、行为以及学校制度等文化因素,对学生实施体育教育,从而促进学生身心的全面发展。校园体育文化是学校在特定的历史条件下,为实现教育的目标,在长期的校园文化建设中,把各种有益于师生成长的文化,通过不同的方法和手段渗透体育活动中,从而达到积淀、整合、提炼的目的。它反映了学校广大师生的健身目标、健身理念以及健身行为准则。校园体育文化本质上所体现的是学生及教职员工的体育价值观念。因此，某种先进的校园精神一旦形成，必然会对全体师生的体育行为产生巨大的导向作用，形成一种强大的校园体育氛围，在引导师生树立"健康第一"的观念的同时，规范他们应该做什么、为何而做、如何去做，从而使参与的人具有某种特有的"体育精神特质"，形成该学校区别于其他学校的特征。任何为了达到某种目的的活动，不仅是有价值定向的活动，而且是价值支撑的活动，只有当人们的行为被认为具有某种合理性时，人们才会理直气壮、义无反顾地去实践。先进的校园体育精神作为校园价值体系的精华，作为学校发展的一种潜在力量，无疑是一种巨大的激励因素，推动着人们积极进取、战胜困难、开拓创新，特别是在学校遇到困难或挫折时，它会给人们信念的支撑，会成为人们追求理想、追求发展的力量源泉。校园体育文化是学校师生共同创造并认同的价值观念，具有无形的凝聚力和感召力。在校园体育精神的熏陶下，体验并认识到彼此具有共同的理想追求、价值观念、道德情操和行为规范，使生活在同一所学校的师生彼此之间产生强烈的认同感、责任感和荣誉感。

第三节　校园体育文化的结构与内容

一、校园体育文化的结构

（一）关于校园体育文化结构较为统一的观点

关于校园体育文化的结构，学者与专家比较统一的观点是，校园体育文化可以分为三个层次，即物质文化层、精神文化层和制度文化层，这个结构层次主要是以物质文化、精神文化、制度文化三个要素为依据划分的（见表2-1）。

表 2-1　校园体育文化的结构(一)

结构	内容
物质文化层	体育场馆 体育器材 体育雕塑 体育场景 体育服装 体育用品 ……
精神文化层	体育意识 体育观念 体育情感 体育道德 ……
制度文化层	体育行为 体育规则 体育技术 体育规范 ……

(二)关于校园体育文化结构的不同见解

除了上述比较统一的观点外,有的学者提出了不同的见解,将校园体育文化结构划分为隐性的校园体育文化、显性的校园体育文化和混合的校园体育文化三个层次(见表 2-2)。

表 2-2　校园体育文化的结构(二)

结构	内容
隐性的校园体育文化	体育精神 体育意识 体育价值观 审美观 ……
显性的校园体育文化	体育运动的技术形态 体育场馆设施等直观形态
混合的校园体育文化	体育组织 政策法规 规章制度 管理体制 ……

（三）校园体育文化的四个层面

校园体育文化并非多要素的简单集合，而是具有系统性与组织性。校园体育文化的各个组成部分相互影响、相互联系，共同形成了校园体育文化这个具有开放性的系统。综合不同学者的观点，可以将校园体育文化结构划分为以下四个层面（见表 2-3）。

表 2-3 校园体育文化的结构（三）

结构	内容
体育物质层	体育场馆 体育器材 体育雕塑 体育景观 体育宣传 体育图书
体育制度层	体育规范 体育制度 体育政策 体育传统
体育行为层	体育协会 体育社团 职工体育 教师体育 学生体育 体育活动
体育精神层	体育精神 体育观念 体育风尚 体育道德 体育目标 体育知识

1. 体育物质层

体育物质文化在校园体育文化结构系统中居于基础地位。在校园体育文化主体参与体育实践活动的过程中，需要由体育物质层来提供基础条件，体育器材、体育场馆、体育雕塑等可感觉到的形态是校园体育物质文化的主要内容。

2. 体育制度层

作为校园体育的综合文化形态,体育制度文化层是将物质层与精神层联系起来的中介及桥梁。体育制度文化主要体现在校园体育的组织形式上,其充分反映了校园体育意识及体育观念。体育教学、课外体育活动、体育科研、体育竞赛、运动队训练、体育俱乐部、体育知识讲座和体育交流等相关活动的制度、规范及政策都属于体育制度文化的范畴。

3. 体育行为层

在校园体育活动中,文化主体以约定俗成的方式形成的体育行为表现方式、体育行为规范及体育行为内容总称为体育行为文化,体育活动、体育协会、体育社团、学生体育等是体育行为文化的主要内容。

4. 体育精神层

简单来说,校园体育价值观、健康观就是校园体育精神文化。在校园体育文化系统中,精神文化居于核心地位,其对校园体育文化目标的确立与实现具有决定性的影响作用。校园体育精神、体育观念、体育风尚等都是体育精神层面的内容。

二、校园体育文化的内容

校园体育文化是以校园为空间,以学生、教师参与为主体,以身体练习为手段,以多种多样的体育锻炼项目为主要内容,具有独特表现形式的一种群体文化。

校园体育文化是由校园文化和体育文化两种体系交汇产生的,二者互相影响、融合、渗透、促进和发展,有着密不可分的联系。校园体育文化可通过多种形式来体现,其主要形式有早操、课间操、课外体育活动、运动队训练、小型运动竞赛、体育讲座、专题报告会、体育技能表演、学校体育节等,其中学校体育节是近年来发展比较快的一种校园体育文化活动,成为目前校园文化的亮点之一,它以自身独特的风格吸引着全体师生来参与体育活动,起到活跃校园文化生活的作用。

第四节　校园体育文化的特征与功能

一、校园体育文化的特征

（一）指导性特征

校园体育活动并不是随机开展的,它有其存在的重要意义和对校园体育的重要影响,即校园体育文化具有指导性。

具体来说,可以从两个方面理解校园体育文化的指导性。

首先,校园文化的指导性受体育发展程度的影响。例如,同样是在近现代,由于我国体育事业发展落后,国民体质较差,故有"强国之道,首重教育,教育之本,体育为先"的说法。这种理念影响了几代中国人,特别是中华人民共和国成立以后,国力有限、百废待兴,人们的体质也普遍虚弱,不利于国家的建设。根据这种实际情况,党和政府决定将为国防和生产服务定为校园体育的基本目标,进而提出了"锻炼身体,保卫祖国""锻炼身体,建设祖国"的口号。而西方体育发达国家则更重视体育的强身作用。人们对校园体育文化的目的理解为,要通过体育运动的方式提升学生的身体健康水平,并以体育运动为手段增强学生的心理健康度和与社会融合的适应度。除此之外,它还注重培养学生的竞争意识和自我个性。

其次,校园体育文化的指导性并非永恒的,它会根据时代的不同和社会主流价值观的变化而改变,在现代社会,随着社会对高素质人才的要求不断提升,学校体育对学生的培养目的也与以往不同。例如,20世纪90年代以后,随着我国社会经济不断发展,人们的观念日益开放,人们更加了解自己,也更了解国外。在这种有利契机下,东西方体育文化的交流让我国校园体育文化学到了诸多有益的经验,西方先进体育思想被引入我国,我国也对体育教育进行了大胆改革,一方面是社会大环境改变了校园体育文化;另一方面是校园体育文化的改变也可以引导在这种校园体育文化影响下成长的学生的思维与观念,二者互相促进,推动了我国体育教育的良性发展和校园体育文化内容的完善。目前,"以人为本""健康第一"和"快乐体育"等体育教育思想成为顺应素质教育大背景下我国校园体育文化发展的新型指南,为学生的健康发展奠定了基础。

(二)表现性特征

社会文化的表现与传承具有多样性,如诗歌用文字来表现,酒文化通过酒来传承。许多社会文化虽然被传承下来,但人们对于它的观念已经变得模糊不清。校园体育文化的表现通过身体来实现,不同的体育运动项目由于运动方式的不同形成了不同的身体形态特点。

学校体育教学中多采用动作示范的方法进行教学,体现出身体是校园体育文化传承的主要方式。语言也是校园文化传承的重要方式,在校园体育文化的传承中也包含语言的表现功能。例如,身体运动的动作类似于语言中的语音,身体运动的技巧与方式类似于语言的词汇,身体运动的动作衔接类似于语言的语法,只有三者有机地结合起来才能实现校园体育文化的传承。

(三)民族性特征

不同民族的体育文化不同,因此,不同民族的校园体育文化也必然具有一定的差异,这就是校园体育文化的民族性特点。

校园体育文化的民族性主要表现在开展项目不同、同一项目的活动理念不同两个方面。例如,我国不同民族聚集的地区,学校体育文化表现出较强的民族性特点,我国各民族传统体育受各自地域和民族习惯的影响较大,在此地域或民族群体中存在的学校,其校园体育文化必定有相应的特点。

再如,中外学校在体育活动开展项目上,美国校园体育文化会更加鼓励培养学生的个性,崇尚关键时刻能够有决定性的人物站出来主宰比赛,其体现在具体的体育活动内容上多为篮球、橄榄球和冰球等项目。而我国的民族性格主要以儒雅、谦虚为主,再加上近现代养成的注重团队、个人的利益,服从集体的利益等理念,因此开展的项目也更注重这些理念的发挥,如足球、篮球、排球等运动的开展。此外,我国各级学校还开展一些民族传统体育项目,如跳长绳以及多种民族体育游戏,在这些活动中都能看到团队协作的内容。还应该认识到,尽管中外体育活动中都包含了足球、篮球等项目,但活动本身所追求的理念并不一致,这些不一致正体现了校园体育文化的民族性特点。

校园体育文化的民族性丰富了校园体育文化内容,也推动了体育文化的传播和发展,由于体育文化的传播灵活性较大,它着重强调保持和发扬民族传统体育,如此便能从多层面、多角度来构筑传播民族传统体育文化的平台,这对于我国民族体育文化的推广和发展是十分有益的。

(四)传承性特征

校园体育文化的传承性具体是指民族体育文化的接续与传承。随着社会的变革和时代的发展,现代校园体育文化的内容和思想都充满了时代感,它与我国最初出现的校园体育相比早已截然不同,尽管如此,从不同时代的体育文化和校园体育文化中仍旧可以发现种种文化传承的痕迹,现代校园体育的活动内容以及体育精神都体现了传承性。

(五)多样性特征

体育教育的多样化和体育活动形式的多样性决定了校园体育文化的多样性特点。当前的体育教育以培养学生体育精神、体育意识和体育技能为校园体育文化的重要宗旨。在此宗旨的指导下可以开展种类新颖、形式各异的校园体育文化活动,多样性的活动使校园体育文化更加丰富多彩。校园体育文化的主要性质结合及其价值具体表现在以下三个方面。

1.理论与实践的结合

理论与实践的结合,具体是指通过体育运动实践来检验平时所学的有关校园体育文化的理论知识是否为真,并且将得出的感悟和想法反馈到理论中去,由此形成良性循环,不断促进校园体育文化的可持续发展。

2.健身与文化的结合

体育运动的健身价值与文化价值决定了校园体育文化必然体现健身与文化的结合。

3.民族与世界的结合

民族与世界的结合是通过校园体育文化活动中的民族运动项目来达到弘扬我国民族体育文化的目的。从实践来看,校园体育文化的发展也确实能够起到弘扬民族体育文化的作用,使之得到广泛传播和发展。

二、校园体育文化的功能

(一)健康功能

1.改善身体机能状况

校园体育活动形式各样,不同形式的体育活动对师生都有很强的吸引力,促使师生加入体育锻炼的队伍中。事实上,校园体育运动之所以对师生具有吸引力,主要在于其具有突出的健身功能。师生经常参与体育锻炼,机体器官抵抗疾病的能力就会不断增强,从而更好地保持健康。

作为校园体育文化的基本功能,健身功能受到了广大师生的重视。校园体育文化主体参与各种体育文化活动,最主要的动机就在于提高与改善自己的体质与健康水平。学生在参与体育活动的过程中,血液循环逐渐加快,心脏功能不断提高,呼吸系统功能逐步得到改善,骨骼、肌肉也会快速发育。对于处在生长发育阶段的青少年学生而言,积极参加体育锻炼有利于终身体育锻炼习惯的养成。

促进机体的生长发育和运动能力的提高也是校园体育文化的重要功能。人们不管参加什么体育运动,都离不开肌肉的活动,因此肌肉发育的好坏对人体运动能力的强弱具有直接的影响。如果人体肌肉发达而结实,那么其劳动能力和运动能力就相对较强。体育锻炼能够使学生肌肉的血液供应情况得到改善,可以促进肌肉内营养物质尤其是蛋白质含量的增加,可以使肌纤维变粗,从而提高肌肉的工作能力。学生在参与体育锻炼的过程中,会消耗很多能量,产生大量的代谢产物,新陈代谢和血液循环速度不断加快,身体机能水平也会不断提高。此外,校园体育有利于对学生的心理进行调节,使学生保持舒畅、愉快的心情,摆脱不良情绪和心理的困扰,从而充满朝气,活力四射。

2.疏导心理的积郁

校园体育文化有利于学生良好个性品质的形成和积极心理状态的保持,这就是其心理疏导功能的主要表现。校园体育文化活动充满刺激、娱乐和欢快的元素,因此其有利于丰富学生的精神生活,能够缓解学生因学习压力大而产生的紧张心理,可以使学生保持愉快的心情、饱满的情绪以及旺盛的精力。校园体育营造了良好的精神氛围,有利于协调校园内人与人之间的关系,有利于促进学生不良情绪、心理的缓解。校园体育活动不但能够使学生各种正当的、合理的体育活动需要得到满足,同时还能够促进学生心理的健康发展,使学生形成良好的心理品质和行为规范,保持积极健康的心理状态。

3.培养健康生活方式

很多因素都会对个体的生活习惯和生活方式产生影响,如生活环境、成长历程、经济条件、受教育程度等。校园体育文化为学生提供了良好的体育生活环境,在这一环境中,青少年学生能保持充沛的精力,充满求知欲,能够快速接受新鲜事物。校园体育还有利于促进学生业余生活的丰富,使学生养成积极健康的生活习惯。

经济的发展与社会的进步使人们的需求不断增加,单纯的物质生活已经难以使人们的多元需求得到满足。在接触体育活动后,人们渴求健康,希望通过体育来完善自我,获得健康的身体和优美的体形。另外,体育活动不仅能够使人保持基本的健康,还能够提升人的生命活力,使生命的意义得到进一步拓展。除此之外,校园体育文化还有利于促进学生身心的健全。体育活动充满竞争与趣味,鼓励人们积极进取,倡导人们在竞争的同时体验活动的乐趣,这对于培养人的拼搏精神和缓解人的心理压力具有重要的意义。同时,学生的心理素质还不够完善,很容易因为一些因素的影响而产生不良心理,体育活动对于缓解学生的不良情绪与心理具有积极的作用。

(二)教育功能

1.育人功能

校园体育文化对人的影响是悄无声息、潜移默化的,这也是校园体育文化与其他校园文化的一个不同之处。校园体育文化的育人功能从两个方面反映出来:第一,学校通过开设体育课程来将体育知识、技能传授给学生,促进学生知识的丰富与技能的提升;第二,学校组织开展多种形式的课余体育活动,以此来对学生的知识结构进行完善,促进学生个性的发展、物质与精神生活的丰富、社交需要的满足,并对学生的交际能力与合作精神进行培养。由此可以看出,校园体育文化在培养人才方面具有全面性的作用,只有充分发挥校园体育文化的育人功能,才能更好地培养适应社会发展的全面型人才。

作为社会文化系统的重要组成部分,校园体育文化具有鲜明的校园文化特色。学校这个文化环境相对而言是比较独立的,因而校园文化这一文化体系也具有相对独立性,在学校这个环境中,校园文化以无形的力量推动全校所有人员的进步与发展,向每一个人施加教育方面的影响,这是校园文化的重要价值取向。校园体育文化是校园文化群中的一个重要成分,校园文化的特征在校园体育文化中也有突出的体现,因此二者的价值取向是相通的。校园体育是师生共同参与的体育活动,校园体育文化对师生,特别是对学生的教育就是在文化主体参与校园体育活动的过程中完成的。校园体育文化教育功能的发挥有助于师生智力的提高,有助于学校人类理性精神和人文精神的发扬,有助于对师生的潜能进行开发,同时有助于学校教育目标的顺利实现和对素质教育的进一步贯彻。总之,在师生思想品质和身心素质培养方面,校园体育文化具有得天独厚的优势。

2. 激励功能

校园体育文化具有一定的激励功能,能够使校园内每个成员的学习与工作动机得到强化,能够对校园师生学习与工作的积极性、主动性和创造性进行调动与激发。校园体育文化能够使学生的事业心和责任感不断增强,能够使学生以饱满的精神和积极的心态参与学习,所以,我们应该引导全校师生树立共同的体育目标、体育价值观、体育理想、体育信念,从而进一步促进校园体育文化的繁荣发展,并为我国体育事业的发展培养优秀的人才,使校园体育文化和体育事业紧密结合,共同进步,共创辉煌。

事实上,校园体育文化的激励问题是一个使主体需要不断得到满足的问题。校园体育文化为校园师生创造了和谐的体育氛围及人际关系环境,校园师生在这一环境与氛围中能够获得精神方面的满足。同时,校园体育文化也为校园师生提供了良好的体育文化享受空间及创造空间,校园师生在这一特定的空间内,可以利用现有的体育场馆设施、体育器材等获得参与体育活动需要的满足。此外,校园师生在参与活动的过程中,其体育人生观与信念感会不断强化与升华,这也是校园体育文化激励功能的重要反映。

3. 智力促进功能

人体集中精力以稳定的情绪从事艰难、复杂、敏捷和创造性活动的能力就是所谓的智力。青少年时期是智力发展的高峰阶段,校园体育文化活动有助于促进学生智力的发展。研究证实,经常参与体育活动,可以保证大脑能源物质与氧气供应的充足性,因而可以使大脑神经细胞得到充分发育。另外,不同的运动动作具有不同的性质,不同性质的运动动作对大脑神经系统造成的刺激也是不同的,各种运动动作能够不同程度地促进运动参与者大脑皮层细胞活动的强度、灵活性、均衡性的提高,从而使整个大脑神经系统的结构、功能得到改善。学生参与各种形式的校园体育活动,能够使大脑疲劳快速消除,头脑逐渐清醒,精神更加充沛,这对于学习效率的提高具有积极的意义。体育活动还能够促进学生感知力、思维力、想象力、注意力、记忆力的提高与增强。

4. 凝聚功能

目前,人们非常关注校园体育文化的凝聚力问题。校园体育文化是连接校园和体育的重要纽带,其发展的目的在于将个体目标整合为学校体育的总目标。

作为一种群体文化,校园体育文化的构建必须借助群体的力量,由群体共建的校园体育文化反过来又影响着每个个体,使个体将学校体育行为风尚内化为自我要求。人们在不同的阶段参与的体育活动是不同的,因而所了解的体育文化也是有差异的。随着时间的推移,人们掌握了越来越多的体育知识,对体育的认识越来越深入。不同时期的体育活动对人们产生的影响也是不同的。学生在不同教育阶段参与的校园体育活动都对其社会化发展起到了积极的影响,如校园体育对学生的社会认同感、团队意识进行了培养,使学生树立了平等、公正和竞争的体育理念,并学会遵守规则。因此,客观上来说,校园体育文化规范了学生的行为方式,有利于学生养成良好的体育锻炼行为习惯。

在学校体育中,各种类型的体育活动大多是以集体的形式组织的,如体育课、早操、课间操、课余运动训练、体育竞赛等基本上都是以集体(班、组、队)为单位来组织的,每一个参与者的体育行为都会对集体的得失与荣誉造成影响。集体性的校园体育活动对学生具有重要的教育意义,对于学生群体意识和集体主义观念的树立具有积极的推动作用,学生在参与集体活动的过程中,会逐渐树立热爱与关心集体、服从与维护集体的意识,这也是校园体育文化凝聚功能的一个重要体现。

集体性体育活动需要多名学生共同参与才能顺利进行,这就要求参与者具有高度的协作意识与配合能力,任何一名参与者的失误都会对最终的运动成绩造成影响。而参与者只有通过长时间的练习才能够形成默契的配合,在长期的练习过程中,学生之间相互帮助,相互理解,友谊不断加深。此外,学生在练习的同时也树立了以集体利益为主的大局观,并会在训练与体育竞赛等实践活动中为一个共同的目标而努力拼搏,为集体的荣誉奉献自己的力量。学校开展丰富多样的校园体育活动,营造良好的校园体育文化氛围,有利于进一步加强校园体育对广大师生的吸引力,从而使师生积极参与各种体育活动中。师生在参与活动的过程中,彼此间的感情逐渐加深,集体意识也逐渐得到强化,这对于校园团体内聚力的提升具有积极的意义。

校园体育文化之所以具有强大的凝聚力,主要是因为每一位成员都普遍认同校园体育,理解校园体育。体育活动为团体成员之间相互沟通和相互理解提供了良好的机会,团体成员在活动过程中彼此信任,共同为团体荣誉奋斗,共同维护他们之间的友谊。校内体育竞赛能够增强班级、团队的凝聚力,校际体育比赛可以使一个学校的凝聚力得到提升,同时能够使全校师生员工的责任感、荣誉感以及归属感不断强化。

(三)情感功能

1. 娱乐功能

体育是一种积极健康的文化娱乐方式,也是一种非常重要的精神文化活动,已经成为现代生活中不可缺少的一部分。校园体育文化能够调节学校成员的生活方式和精神状态,使学校成员终身体育需要和情感愿望得到满足,能够促进学校成员身心的健康与愉悦,使学校成员保持积极饱满的精神状态。

体育是一种要求参与者身体直接参与的活动形式,学校师生在参与校园体育活动的过程中,与身体最为密切的人格要素(如健康、力量、素质、审美、智慧、性格等)都会得到不同程度的锤炼,并会感到有一股力量在激励自己不断奋进,可见,校园体育文化有利于对生机、协调、美好的校园生活氛围的营造。师生在这样一种校园文化氛围中生活,自然会受到感染,其个性品质、能力都会得到不断完善,精神境界也会得到一定的升华。

2. 审美功能

校园体育文化的审美功能是无形的,我们可以从学生的情感体验中看到校园体育在审美方面的价值与功能。"更快、更高、更强"是体育运动不懈追求的价值目标,校园体育文化同样将此作为追求目标,"更快、更高、更强"集中体现了体育的"美"的特质。具体来看,校园体育文化的审美功能主要体现在以下三个方面。

(1)体态美

校园体育文化有利于启发与提高学生的审美意识,促进学生的体态不断向着"美"的方向发展。这主要表现在以下三个方面。

第一,学生通过参与体育锻炼,可以更好地展现自己身体的协调性、灵活性与表现力,充分彰显自己的青春魅力。体育活动能够促进学生自信心的进一步增强和创造美的能力不断提升。

第二,体育运动富含美的元素。强劲有力的动作、风驰电掣的速度、结实健美的躯体、娴熟的技巧无不展现着运动之美。

第三,体育运动有助于对学生正确的审美观念进行培养,人们在参与体育运动的过程中会逐渐以健美作为自己的生活标准,从而改善自己的服饰搭配,提升自己的仪表风度。校园体育在美化学生形态和心灵方面具有积极的影响,能够使学生高层次的美的需求得到满足。

(2)鉴赏美

高雅的校园体育文化活动还能够创造各种美,如语言美、心灵美、行为美等,这些美的元素又有利于促进学生对美的感受能力、鉴赏能力、表现能力以及创造能力的提升。同时,校园体育文化的美育功能还能够帮助学生对低级的、腐朽的审美情趣进行抵制,从而引导学生对正确的审美观念进行树立。

(3)运动美

校园体育教育有机融合了体育与美育,将体育的运动美充分展现了出来。例如,体操、健美操、体育舞蹈、花样游泳等,这些体育运动项目本身就具有高度的艺术性,体育运动的竞技美、技术美和动作美在这些项目的技术动作中得到了充分的反映。

3.陶冶情操功能

校园体育文化具有陶冶情操的功能,这主要体现在以下两个方面。

（1）陶冶情感品质

校园体育文化有利于培养学生良好的情感品质，这主要是通过情绪的自我调节和情感的自我优化实现的。校园体育有利于对学生顽强的意志品质进行培养，使学生遇事更果断、遇到困难更坚毅。各种校园体育活动的举办有利于营造团结活跃、朝气蓬勃、积极向上的文化氛围，有利于素质教育在体育领域的进一步落实。

（2）陶冶思想修养

校园体育文化活动对广大学生的影响与教育是通过文化氛围、激励机制、实践活动等因素实现的，校园体育文化对学生具有很强的感染力，能吸引学生积极主动地投入体育锻炼的环境中。学生在这一环境与氛围中既学到了体育方面的知识，又锻炼了身体；既丰富了自己的生活，又锻炼了自己的运动能力和组织能力，而且还形成了良好的竞争与合作精神。例如，体育竞赛活动能够使学生懂得自尊、自爱、自强，可以促进学生竞争与合作意识的强化；体育讲座能够使学生树立积极健康的健身观念；体育实践活动能够促进学生意志力的增强和良好个性的形成。由此可以得出，学校可以针对不同学生的不同需求来对体育活动进行组织，从而有针对性地促进学生思想修养的提升。

第三章

校园体育文化建设的基础指导

第一节　校园体育文化建设的意义

我国大学从新中国成立后开始认识并重视体育的教育功能。清华大学的前任校长蒋南翔在 20 世纪 50 年代末曾提出"争取健康地为祖国工作五十年"这一号召,现在该校的综合体育馆门口、每周一到周五的校园广播和体育部的网页上都有一个醒目的口号,就是"为祖国健康工作五十年"。清华大学的体育标志性人物是马约翰先生,被称为"中国高校体育界的一面旗帜",该校每年都举行一次以"马约翰杯"命名的全校性体育运动会。中国地质大学则以"体质良好,体能全面,心理健康,品德高尚"为体育教学目标,融体育于素质教育之中,率先开展登山、攀岩、探险、定向越野等野外生存拓展训练,强健了学生的体魄,锻炼了学生的意志品质,培养了团队精神和克服困难的毅力,形成了鲜明的学校体育特色。

一、建设校园体育文化是加快全民健身计划实施进度的需要

(一)落实《全民健身计划》

校园体育文化是《全民健身计划》的重要内容,全民健身计划纲要指出:"全民健身计划以全国人民为实施对象,以青少年和儿童为重点。"青少年和儿童是祖国的未来,是未来社会主义建设事业的领导者,青少年的

体质水平是一个民族体质水平的象征和标志,学生在校时期是身体发育的最佳时期,体育锻炼是促进学生生长发育的重要因素。而校园体育文化建设就是以校园为活动空间、以教师为主导、以学生为主体而展开的系列体育锻炼活动,使学生拥有一个健康的身体和掌握体育锻炼的一技之长,为进入社会之后进行体育锻炼打好技术基础,养成"终身体育"锻炼的意识。

(二)为全民健身服务

由于受到校园体育文化的影响,在校期间,学生不仅学会了一个或几个体育项目的运动技能,而且形成了正确的世界观、人生观、体育观。当他们走向社会,就会传播正确的体育运动技术、体育观、体育道德。另外,学校体育设施相对完善、体育锻炼氛围浓厚也为全民健身提供了有利的条件。

二、建设校园体育文化是完善校园文化的需要

(一)帮助学校管理建设

校园体育文化是立足于校园内的一种特定的体育文化氛围。它是以学生为主体、以校园为主要空间、以课外活动为主要内容、以校园精神为主要特征的一种群体文化。这种特定的文化氛围与学校的发展目标、学风、校风、精神面貌是相互联系的,体育是开拓精神、顽强拼搏精神、集体主义精神、公平竞争精神的具体体现,已经成为校纪、法规都无法代替的学校管理手段。体育的不可替代性表现在它的独特性,传统的管理手段是通过有关规定进行体罚,而校园体育文化是一种自我约束管理,在竞赛或平时体育活动的过程中,大家必须发扬集体主义精神和公平竞争原则,对自己的行为进行约束,顾全大局,并不需要其他的管理进行监督。

（二）提高校园文化的凝聚力

由于受到传统教学模式的影响,学生与教师之间、教师与教师之间,以及年级之间、专业之间存在很明显的壁垒,使得校园文化处于一个相对独立的文化群体中。但相对独立、分散的文化不易焕发出它的凝聚力。而丰富多彩的校园体育活动增强了师生之间的凝聚力,融洽了人际关系,增进了彼此间的了解,缩短了人与人之间的沟通距离。例如,在校与校之间举行的比赛活动中,场上运动员服从指挥、尊重裁判,为了胜利集体协力奋斗、拼搏。而场下的观众、啦啦队为运动员呐喊、助威,他们的情感都与场上的运动员联系在一起,场上、场下形成一种有效的互动,增强了学生之间和师生之间的情感。

三、建设校园体育文化是提高学生的综合能力的需要

学校以育人为主要目的,而校园体育文化正具备锻炼学生综合能力的特征。

（一）交际能力

校园体育活动大部分都是集体活动,如足球、篮球、排球等。体育活动把本来陌生的人聚集在一起,以活动作为"导火线",用相互尊重、谦和、友善作为交流的原则,使原本陌生的人相互进行交流,从对体育的热爱谈到各自的人生理想,渐渐地让自己封闭的心灵变得开朗,把胆怯的心理彻底消除掉,为以后走向社会培养了开朗、健谈的能力。另外,体育是一种特殊的行为语言,它以一个个小小的动作直接表达了运动员的情感。比如赛前两队队员握手示意代表的是友谊的开始;比赛过程中,不小心使对方摔倒,然后伸手将对方拉起来是友谊的延续;对方的一个微笑代表的是宽容;赛后相互拥抱告别是友谊的保留,也是对对方技术或精神的敬仰。从比赛开始到结束可以不说一句话却升华了双方的友谊,这是体育带给人们的另一种交际方式。

（二）竞争意识

现代市场经济充满激烈的竞争，是一个"优胜劣汰"的社会，竞争成为当今社会固有的属性。因此，具有强烈的竞争意识是人们以后生存发展的一种能力体现。而通过竞技体育可以鼓励人们力争上游，使人们知道想要站在领奖台的最高处就得通过竞争战胜对手。同时，体育竞赛是有规则的，学生通过体育活动和对赛事的欣赏，懂得在公平、公正、公开的原则下进行技术、心理、战术的较量，在亲身参与比赛后体会到竞争的激烈性和残酷性，从而使竞争意识得到增强，为以后进入竞争社会打下坚实的基础。

（三）开拓创新能力

体育运动是不断追求"更快、更高、更强"的过程。学生作为校园体育文化的主体，他们在体育技术、水平、战术、内容上不满足于现状，要求自己的技术、水平、战术更上一个台阶，从而不断地开拓自己的身体和智力的潜能，不断地挑战极限，不断地获取体育知识，并根据自己的特点不断地进行战术、技术、内容的创新，以达到新的突破。另外，开拓创新可说是个性的发展。为了自身的运动水平得到进一步的提高，为了学校的体育活动更具娱乐性、健康性，学生经常自主制订健身计划、组织比赛、开展体育专题讨论等，这也是对学生开拓和创新能力的锻炼。

（四）团体协作能力

学校大多以团体项目活动为主要内容，团体比赛和单项比赛相比，除了个人技术以外，更加注重的是集体的配合，只有集体配合好的团体比赛才更具有观赏性，更具有效率。所以学生在参加团体比赛时必须剔除个人表演的心理，要顾全大局，相互配合，打出团队的战术，提高个人的团体协作能力。

（五）自律能力

学校中的任何体育竞赛都有它的竞赛规则，谁违反了规则就下场出局，因此学生在参加活动时就必须约束自己的动作行为，在规则下进行竞赛。渐渐地这种刻意的约束变成了习惯的自我约束，成为一种自律能力，为学生将来走向社会做一个遵守法规、遵守秩序的公民打下了基础。

第二节　校园体育文化建设的原则与要求

一、校园体育文化建设的原则

（一）主体性原则

校园体育文化建设要遵循主体性原则，也就是要遵循"以人为本"的原则。学生是校园体育文化的创造者和受益者，因此校园体育文化建设理应围绕着学生这个主体来进行。现代教育理念已经从过往的单一向学生传授某项技能或知识向全面的素质型教育转移，新型的素质教育更加注重对学生全面性和社会适应力方面的培养，即培养出德、智、体、美、劳全面发展的综合型人才。校园体育文化的建设应该秉承这一理念，使学生能够在这种有利的氛围下，通过丰富多彩的体育运动得到充分锻炼，对体育观念、体育精神、体育价值、体育道德有一个正确的认识，并把公平、公正、公开的体育原则，更高、更快、更强的体育精神融入平时的生活和学习当中。同时，学生在享受参与体育活动体验时，还应该注重能够亲自组织某些体育活动，了解其中的组织方法和运行规律，这是另一种能力的培养。在这些要求下，校园体育文化的建设要确定学生是校园体育文化的主体，学校组织的体育活动要以学生为核心，去了解学生需要什么，想要得到什么样的体育文化氛围，将这些看作是校园体育文化建设的首要原则。一旦脱离了学生这个校园体育文化的主体,一切的行为都将游离于形式,没有实质性作用的文化形态是没有生存价值的。

(二)与时俱进原则

事物都是处在不断发展变化中的。由于人的思想变化,从而带来了新鲜事物,新鲜事物的频繁出现必定会影响整个社会的变革,文化也就在这种变化中逐渐改变。尽管文化是时代的产物,每种文化都有其固定性的一面,但总体上看,几乎所有文化在面对社会变革的时候也会发生或多或少的改变。校园体育文化也是如此,如 20 世纪 80 年代排球热,到 20世纪 90 年代变成了足球热。随着这些运动的蓬勃发展,校园体育文化也做出了相应的调整,一时间排球、足球运动成为校园体育文化的主流。

到了 21 世纪,人们生活观念开始转变,物质上的富裕并不算真正的富裕,只有在身体和心理都健康的条件下才能算得上真正的富裕。在这种时代背景下,作为社会亚文化的校园体育文化,要随着社会需要而转移建设方向,与社会同步发展,才能更好地服务社会。

(三)统筹协调原则

校园体育文化包含的内容较多,因此它的建设是一个系统工程,要做到多方面统筹兼顾、相互协调。只有做到这些才能将校园体育文化建设得合理,才能使建设过程有序、顺利,才能够得到文化主体的赞许。在建设校园体育文化的过程中遵循统筹协调原则主要通过以下两个方面体现。

1.软件与硬件协调

"软硬结合"主要是指与校园体育文化有关的软件和硬件之间的匹配与协调。其中硬件建设包括承载各种体育活动的体育场地、体育器材、体育师资队伍和体育社团等;软件建设则包括了校园师生的体育精神、体育制度和体育观念等。

通过多年实践发现,校园体育文化的建设不应过分偏重某一方面的建设,而是应该尽量做到"两手抓,两手都要硬""软硬兼施",二者协同发展,只有这样才能确保校园体育文化的发展始终保持在一种平衡的状态下,达到事半功倍的效果。在建设的过程中如果学校的硬件设施完善,但软件设施建设与现存的校园体育文化格格不入,体育活动组织内容单一,没有把学校拥有的硬件设施充分利用起来,那么学校优良的硬件设施只能作为展示实力的摆设。相反,如果学校的体育活动组织内容多样、制度完善,但硬件设施始终跟不上组织活动的要求,那么,所谓的组织计划、规章制度都只是一纸空谈,因为它缺乏必要的承载物质。由此可见,"硬"是"软"的基础,"软"是"硬"的条件,只有二者协调地发展,才能使校园体育文化建设更加快速地前进。

2. 课堂教育与课外活动的协调

在现代校园中,体育教育的形式主要有课堂教育和课外活动两种形式。因此,校园体育文化的建设就要建立在这两种形式的基础上。

在我国,体育课已经成为各级各类学校的必修课,体育教学大纲规定了学生每周的最少体育活动时间。体育课又分为室内课和室外课。其中,室内课主要讲授一些体育理论性知识,或者是体育相关的运动医学、疲劳的恢复与营养等内容。它是由体育教师根据教育部颁布的体育教学大纲按照班级授课制的方式进行的。从总体上来看,体育理论课所占的比重较少。室外体育课则以实践为主,主要传授学生某项体育运动的技战术方法或体育游戏的开展方法,以提高学生的运动技能为主要内容。它采取有计划的、循序渐进的教学方法,对运动套路分阶段地进行解析。实践课所占的课时比例远远高于体育理论课。

课外活动也是校园体育的重要组成部分,尽管它并不是国家规定的活动内容,但它的丰富程度在很大程度上决定了校园体育文化的水平。相比于传统的课堂体育教学,课外体育活动拥有更强的生命力。其缘由就在于时间充足,形式多样,是一种对课堂体育教学的补充与完善。

另外,由于课外活动不受教学大纲限制,它呈现出比体育课更为灵活、内容更为丰富的特点,能够充分地满足学生的个性需求。但需要注意的是,课外体育活动并不是简单的、无目的的"疯玩",它也需要理论知识和运动技能做基础,因此,需要把课堂上的理论知识赋予课外活动实践,用实践的经验来补充理论知识,二者相互完善。

二、校园体育文化建设的要求

(一)物质文化建设要安全、实用

1.安全性

健康体育有许多理念,其中安全是最基本的理念。在学校体育活动中,有时会发生安全事故,这与安全这一基本的理念是相违背的。所以在进行校园体育物质文化建设时要对安全性进行特别强调,要经常检查体育场地与器材等,年久的器材与不符合标准的器材要及时更换,确保学生的安全。

2.实用性

许多学校的体育场地与器材都是比较短缺的,所以在对体育场地进行修建、对体育器材进行购买时,要注意器材与场地的实用性,要坚持的主要准则就是最大限度地使学生的体育需求得到满足。一些学校设计体育场地时,仅仅是为了好看与时尚,却将其实用性忽略了,这样不但浪费资金,而且没有实用性,不能满足学生的需要,难以发挥其价值。

(二)组织形式要多样化

建设校园体育文化需要与时代发展的要求相适应。现在,学校中开展的校园体育活动主要是运动会、体育课、课间操等,这些已经不能与时代发展的要求相适应了,也不能使学生的体育需求得到充分的满足。校园体育文化发展必然要求学校要组织丰富多样的体育活动,不仅要确保其具有健康的体育内容,还要确保体育活动具有娱乐性特点。所以,多元化发展道路是校园体育文化建设的主要方向,多元化的发展主要通过多样化的组织形式体现出来。多样化的组织能够使学生有更多的空间做出选择。同时,多元化的组织形式才能满足学生的体育需求,才能使学生更加积极参加体育锻炼活动。

此外,校园体育文化的健康性与娱乐性也要通过多样化的组织形式得以体现。倘若学校只有单一的体育组织形式,就会降低学生参与的积极性,也就难以实现校园体育文化的健康性与娱乐性。

(三)内容要具有娱乐性和健康性

1.娱乐性

学生的学习负担很重,压力也很大,因此精神上就会受到影响,如果经常处于紧张状态,学生就无法拥有健康的身体。而校园体育文化的娱乐性能够使学生消除紧张心理,放松身心。学生需要参加丰富多彩的娱乐项目,这样才能获得精神上的愉悦和享受,才能处于积极乐观的状态,在轻松愉悦的氛围下生活才能有利于学生的成长,才能提高学生学习效率。

2.健康性

建设校园体育文化要以"健康第一"为主题。一方面,学生正处于身体发育的关键与最佳时期,参加体育锻炼能够使发育进程加快,使学生拥有一个健康的身体。校园体育文化的建设要为学生营造一个健康的体育锻炼环境,这主要体现在以下四点。

(1)有良好的体育物质文化。

(2)有精英体育教师作指导。

(3)有健全的校园体育健身模式。

(4)有浓厚的校园体育文化氛围。

另一方面,学生的思想稳定性较差,校园体育文化建设要求教师经常向学生宣传体育意识,使学生树立正确的体育观、人生观,使学生能够将体育精神深入自己的生活,影响自己的行为习惯,从而提高抵抗外界诱惑的能力,免受身心损害。

（四）要持之以恒

学生掌握体育技能、提高体育意识、树立正确的体育观需要持之以恒地接受体育教育，参加体育锻炼才能实现，短时间是不可能全部实现的，或者并不能达到一定的水平。因此，校园体育文化需要长期对学生进行坚持不懈、潜移默化的指导和宣传。

另外，校园体育文化建设的过程中总会持续不断地出现问题，旧的问题解决了，又会出现新的问题，而且这一过程中出现的问题通常带有时代的因素，所以，只有长期坚持校园体育文化建设，用时代的眼光进行建设，才能防患于未然，才能对不断出现的问题进行有效的解决，才能更好地使校园体育文化服务于学生。

第三节　校园体育文化建设的内容与形式

校园体育文化的建设包含多方面内容，并表现为多种形式，有体育课、课外体育活动、课余体育训练、体育竞赛、体育文化节等。本节主要就以上几种常见的校园体育文化建设的内容与形式进行论述。

一、体育课

（一）理论课建设

对校园体育的理论课进行建设的基本思路是，向学生讲授相关体育文化知识、体育卫生保健知识。通过向学生传授体育基础原理和知识，学生能够对体育对人类社会、国家、自己未来生活和工作产生的重要影响有更加深刻的理解，能够积极地参与体育的学习。通过向学生传授保健与卫生知识，使学生对健康的重要性和身体健康所需要的环境有一个准确的认识，从而对一些基础的保健手段与方法进行掌握，并且更自觉地爱护环境、保持健康。此类理论内容要力争与学生现实生活中可能遇到的实际问题保持密切联系。不仅如此,在理论课建设中,对这类内容的选择要切忌支离破碎、简单无逻辑地罗列知识,而是要注意紧跟当前社会重点发展潮流,精选对学生有重要意义的体育、保健原理来组织教学内容,并注意考虑结合运动实践部分的内容来组织建设。

(二)实践课建设

1. 田径

田径运动与人的走、跑、跳、投等基本活动能力有内在关系,所以被誉为"运动之母"。通过此项教学内容能够使学生了解田径运动,理解田径运动在锻炼身体中的意义,使学生明白跑、跳、投等的基本原理和特征,对一些基础性、实用性较强的田径运动技能进行掌握,学会用田径运动来了解增强体能的方法和注意事项,掌握一些基础的田径判罚和组织比赛的技能。田径教学内容既与田径运动技能有直接联系,同时还与克服障碍、进行竞争的心理要求有内在联系。因此,应从文化、竞技、运动、心理体验等多方面去全面地理解、分析教学内容并组织教学。

2. 体操

体操运动包括技巧、支撑跳跃、单杠和双杠等。它是发展人的力量性、协调性、灵活性、平衡性等能力最有效的运动。体操的历史较为悠久,自人类进入文明时代后,体操就一直伴随着人类的发展,它还与人们克服各种外界物体的心理欲求有联系。通过此项实践教学内容,使学生了解体操运动文化的概貌,了解体操运动对人体锻炼的价值和作用,明白基本的体操原理和特征,掌握一些典型的、实用性较强的体操技能并学会用体操的动作来进行身体锻炼和娱乐、竞赛的方法及注意事项,能运用保护与帮助的手法去安全地从事体操运动。

对体操实践内容进行选择时要主要考虑它的竞技、心理、生理等方面,力求将这些方面全面地进行。在教学过程中要注意循序渐进的原则,逐步逐量地加大动作难度、幅度以及改变动作连接等方式提高教学难度,使学生的技能得到切实提高。

3.球类

球类运动包括足球、篮球、排球、乒乓球、羽毛球、橄榄球、网球等。通过此项教学内容的传授,学生能够对球类运动的概貌和球类比赛的共性特征进行理解,能够对球类运动的基本技术和战术技巧进行有效掌握,从而具备一定的知识与技能来参与比赛。此类教学内容中的技战术通常较为复杂,每种技战术或技战术之间的组合相互依存、相互制约。因此,若要筛选出适合教学的内容显得比较困难。如果只是对单一技术进行教学,那么就失去了球类运动的本质,不能进行顺畅的比赛和应用,也会导致学生对球类运动失去兴趣,最终也不能使单个技术得到运用和提高。而若想整体详细讲解和介绍又需要一个较长的时间,有些球类运动若想达到一定的教学目标,至少需要一学年的时间甚至更长。因此,如果计划开展此类项目,则应通盘考虑,注意把技术教学、战术教学与教学比赛结合起来。

4.民族传统体育

民族传统体育的内容有武术、气功及各民族的传统体育内容。通过此项教学内容使学生对中国优秀、丰富的民族传统体育情况有所了解,并懂得用其来健身、自卫的方法。还要使学生在学习技能的同时理解中国的"武德"精神,讲究武术中的礼貌举止,并与爱国精神、民族自尊心的培养结合起来,教会学生基本功和一些主要动作。

民族传统体育教学需要较长的教学时间,同时还要兼顾教学的实效性。对于普通学生而言,鉴于民族传统体育往往需要较强的基本功,这种基本功不是一朝一夕能够习成的。因而,这种教学内容的教学重点不应只是放在一定要学生在学习过后能够完美地达到目标。传授这部分教学内容应根据学生的心理特点强调教学内容的文化性、实用性、范例性以及其文化背景和意义。

5.韵律运动

韵律运动包括健美运动、民间舞蹈、健美操、体育舞蹈、韵律操、艺术体操等内容。韵律运动在组织教学内容时,应从审美观培养、舞蹈音乐理论介绍、感情表达能力培养和健身效果等多方面来考虑。以往此类教学内容过多地考虑动作练习的教学以及重视练习中的技巧培养等,而对于向学生传授一些基本原则并让学生尝试自编的要求较弱,应考虑加强。

二、课外体育活动

(一)教师的课外体育活动

教师作为校园体育文化的主体之一,开展针对教师的课外体育活动是十分必要的,这不仅是对校园体育文化氛围进行积极营造的要求,而且也是全民健身活动发展的要求。

针对教师的课外体育活动主要包括以下两个方面。

1. 组织有利于缓解压力的体育活动

登山运动、春游等都能够使教师缓解压力,远离工作上的问题,不仅能够锻炼身体,还可以消除心理疲劳,形成良好的精神面貌。

另外,也可以举办一些体育比赛,如教师田径赛、教师排球联赛、健美操比赛等。教师自觉参与体育锻炼,能够促进自身技术水平的提高,同时能够拥有健康的身体。

2. 组织师生之间的体育比赛

教师在日常上课时比较严肃,学生自然就会对教师有一种害怕心理,距离感由此产生。而通过参加师生之间的比赛,师生就共同处于一个层面,他们可以自由地发挥自己的个性,秉承着公平竞争的原则发挥自己的体育技能,并在比赛结束后可以针对体育或共同感兴趣的话题展开讨论,这样就能够增加师生之间的了解,使师生之间不再感到陌生,学生不再害怕教师,双方的距离自然就拉近了。

有一些教师年龄比较大,不能参加登山之类的户外运动,也不能进行强度大的体育比赛,因此可以选择参与一些强度小的活动,如武术、太极拳等。

(二)学生的课外体育活动

学生的课外体育活动有以下六种形式。

1.全校活动形式

全校活动具有庞大的规模、恢宏的气势和巨大的影响力,而且可以进行统一领导与指挥,操作起来比较方便,也为组织与管理者的督促、检查与评价工作提供了便利。全校活动形式的主要作用表现在:

首先,可以促进班级、年级之间相互学习、共同进步。

其次,有利于对学生进行爱国主义与集体主义教育。

最后,有利于提高学生遵守纪律的意识和培养学生的集体荣誉感。

全校活动的开展也会受到一系列因素的限制,如场地、组织措施、学生个体差异等因素。

2.班级活动形式

生动活泼、便于组织管理、选择余地较大、限制因素较少以及锻炼效果良好是班级活动形式的主要优势。班级活动以教学班为单位,由班级体育委员负责组织,团支部、学生会等组织的其他班干部的主要职责是协助配合体育委员。班主任与体育教师主要负责指导和辅导班级活动的开展。

3.小组活动形式

小组活动可以根据学生班级、学生性别、学生兴趣等因素自然分组。例如,根据学生体质与兴趣爱好成立足球组、体操组等。各组由体育积极分子或项目擅长者担任组长,小组在组长的带领下开展活动。可以根据季节与场地器材等条件的不同来灵活选择小组的具体活动内容。

4.团体活动形式

团体主要是由体育兴趣爱好和特长相同或相似的学生自发组成的。学生共同开展体育活动,互相学习与交流,共同提高与进步,增进彼此友谊,并通过团体体育活动体验成功和快乐。团体开展的体育活动形式多样。

团体的组织比较松散、自由,成员多少视具体情况而确定,且团体内的成员相对不固定。团体的成员没有局限在一个班级或一个年级中,他们可以是本班与本年级的学生,也可以是其他班与年级的学生。团体活动不需要进行专门的管理,主要是因为团体组织相对比较随意,没有固定的活动时间和地点。

在学生的课外体育活动中,团体的体育活动具有其他组织形式无法企及的积极影响,它有利于促进学生体育兴趣与爱好的形成和发展,促使学生养成良好的体育锻炼习惯,积极促进学生终身体育意识的形成与发展。学生可以通过团体活动获得身体、心理和社交等方面的全面发展。

5.个人活动形式

个人活动指的是学生根据自己的体育兴趣爱好与需要,根据体育锻炼的方法与要求,自觉自愿选择体育锻炼项目,在体育课外活动中进行单独锻炼的活动方式。个人活动是一项非常重要的体育实践活动,它反映了学生体育意识的觉醒、有利于促进学生体育兴趣的形成和发展,也有利于学生养成并巩固良好的体育锻炼习惯,帮助学生实现体育学习的终极目标。

通常情况下,学生大都是因为对体育有较浓厚的兴趣才会自觉进行体育锻炼,经常参加体育锻炼的学生在体育知识、身体素质、运动技术技能等方面具有良好的基础,是班上的体育积极分子。因此,教师要积极做好这类学生的引导工作,使他们的特长充分发挥出来,达到以点带面、整体提高的效果。

个人活动可选择的内容十分广泛,学生大多选择与自身兴趣爱好与需求相统一的体育项目进行锻炼。个人活动与全校、班级、团体等集体活动并不矛盾,绝对的排他性是不存在的。恰恰相反,个人活动与集体活动在一定程度上可以相互促进与转化。

6.俱乐部活动形式

近些年在学校,尤其是高校中,体育俱乐部活动的课外体育活动组织形式相继出现。俱乐部主要分为两类:单项俱乐部和综合俱乐部。学校主要根据本校的场地设备、体育传统优势与师资力量等因素创办俱乐部。筹建俱乐部的经费主要来源于学校下拨的经费、学生缴纳的会费与社会赞助。学生按照自身的兴趣与爱好自愿加入俱乐部,在俱乐部内进行自己感兴趣的体育锻炼活动。学生参加俱乐部的目的各有不同,一些学生是为了提高技术技能水平,一些学生只是参加课余体育训练,还有一些学生只是为了娱乐。俱乐部活动的主要特点是有专门的组织管理和专业的指导教练,俱乐部活动的效果良好,深受广大学生的推崇与喜爱。

三、课余体育训练

课余体育训练是指为了提高部分在体育方面有一定天赋或有某项运动特长的学生的体能和身心素质,提高他们某项运动的技术水平,利用课余时间,以运动队、代表队、俱乐部等形式对他们进行较为系统的训练,它是为竞技体育培养后备人才的一种体育教育过程。课余体育训练是我国学校体育的组成部分,我国颁布的《学校体育工作条例》中明确规定了要开展多种形式的课余体育训练。

课余体育训练要通过对具有运动特长的学生的训练,来提高学生对体育的认识,使其掌握一些专项与非专项技战术和知识,加强身体、技术、战术方面的全面训练,促进身体的正常发育,提高各系统器官的功能,发展体能,培养良好的体育道德作风和顽强的意志品质,为进一步的专项运动训练打下身体、心理、技术、战术和思想品质的良好基础,为提高运动技术水平,输送优秀体育后备人才和群众性体育骨干服务。这便是学校课余体育训练的目的,其具体可以从以下三个方面进行阐述。

1.学校课余体育训练要促进学生体能发展与运动能力的提高。学生身心发展处于发育关键时期,这时期进行训练,不仅能保证学生的正常生长发育,还能使其生理功能大大提高,从而提高运动素质和运动能力。

2.学校课余体育训练应该是学校培养高素质人才的补充措施。通过课余体育训练,能帮助学生掌握体育的基本知识和技能,促进体能和综合素质的提高,为运动队或群众体育提供人才。

3.学校课余体育训练应该完善学生道德品质和提高其精神意志力。学校课余体育训练,力求使学生得到爱国主义、集体主义和社会主义教育,提高学生对体育的兴趣,使其竞争意识、合作精神和拼搏意志得到提升。

四、体育竞赛

校园中开展的体育竞赛主要有以下两种。

(一)校内体育竞赛

校内体育竞赛能够促进学生个性的发展,对学生的能力进行培养,促进学生情操的陶冶,并能够对学校的体育氛围进行良好的创造,这些作用都是其他活动所无法替代的。学校应该对多元的体育竞赛进行开展,主要开展原则就是面向学生、服务学生,在开展中需要采用大众化的组织形式、比赛方法。以组织的等级为依据,可以将校内体育竞赛分为校级体育竞赛、院级或年级体育竞赛、班级体育竞赛。竞赛的项目主要有田径、篮球、羽毛球等。此外,也要对一些小型的比赛进行组织,如接力赛、拔河比赛,这些比赛的参与者众多,能够使更多的学生参与进来。与校际的体育竞赛相比,班级之间的体育比赛灵活性更强,而且也更为普遍,对不同的体育爱好者都是比较适宜的。校内体育竞赛的开展为校园体育文化激发出一股强大的凝聚力。

(二)校际体育竞赛

校内开展体育竞赛的主要目的是对体育精神进行传播,使学生参与体育锻炼中,而校际开展的体育竞赛主要目的是促进校际交流的加强,促进学校文明形象的提高,同时加强学校与社会的交流。世界大学生运动会和世界中学生运动会是校际开展的比赛中级别最高的,此时的校际比赛已引申成为国际比赛,通过比赛学生可以将自己的活力与实践技能展示给全世界。

五、体育文化节

学校价值观念的传播方式之一就是校园体育文化节,文化节的举办能够将学生参与体育锻炼的兴趣有效地激发出来。体育文化节的主要载体是体育活动,宗旨是公平竞争、团结协作、拼搏进取,主要目标是"健康、快乐、文明",同时也注重对师生体育道德素养的培养。现在校园体育文化的传播离不开文化节这一重要的形式,体育文化节主要是集中一周的课外活动时间,对各种活动进行开展,面向全校所有学生,为学生提供良好的机会来对体育运动的乐趣加以感受。学生可以利用这一平台将自己的才华展示出来,充分发挥自己的个性与技能。

体育文化节也可以在节日里举行,比如在"劳动节""国庆节""元旦节"举办学校篮球、足球、羽毛球等联赛,分教职工、学生两组进行循环淘汰赛,这样不但能够使师生的节假日生活得到充实,而且可以促进师生的集体荣誉感、竞争意识的增强。

第四节　校园体育文化环境建设

一、校园体育物质文化环境

(一)校园体育物质文化的形态体现

校园体育物质文化的形态表现如下:

1.运动场

运动场包括田径场、篮球场、足球场、排球场、网球场、羽毛球场等。它属于露天建设,向学生开放,因此成为学生参加体育活动最主要的场所,学生的体育课、课外体育活动、体育文化节、体育竞赛等都依靠体育运动场进行。因为各个地区的经济发展程度不同,学校体育运动场的质量存在着很大的差距。在经济发达地区,运动场规模较大,造价较高。如塑胶田径场、篮球场、网球场及绿茵足球场等,而且外延设施比较齐全,比如设有看台、风雨棚等。而在经济贫困地区,大多是一些煤渣跑道,或是不太正规的跑道,篮球场、排球场大多是水泥地。相对而言,贫困地区的运动场质量以及规模比较落后。

2. 运动馆

运动馆包括综合性体育馆、篮球馆、排球馆、乒乓球馆(房)、艺术体操房、游泳馆、肋木区、单杠双杠区、攀爬角、健身角等。相比运动场,它的造价较高,而且开放时间有限,因此不能成为大学生参加课余体育活动的首选。但运动馆不受天气影响,场地质量较高,安全系数比室外运动场高,通常一些重要的比赛都在运动馆里进行。

3. 运动器材

按照不同运动项目所需的器材分类,学校的运动器材可分为体操类器材、球类器材、田径类器材、民俗类器材、健身类器材等。通常学校的运动器材是与学校开设的课程以及运动场馆相匹配的,有运动场就必须有相应的运动器材,这样才能进行体育活动,反之亦然。随着人们对体育活动要求的提高,学校运动器材的配置必须完善,如以前"一班一球"的器材分配方式显然已经不能满足学生练习的要求.因此种类齐全、数量充裕的体育运动器材是每个学生在课堂有限的几十分钟内得到充分练习的基础。

4. 其他体育物质形态

学校其他体育物质形态包括体育雕塑、体育壁画、体育传播设施等。看起来它对学生参加体育活动并没有实质性的作用,但是它对营造校园体育文化氛围以及培养学生浓厚的体育兴趣具有重大的意义。如学校的体育雕塑、体育壁画以最直接的方式传达给学生浓厚的体育寓意,学生在看到体育雕塑的时候自然会联想到一段体育历史故事,从而开始对体育产生浓厚的兴趣;又如学生通过观看一段高水平的体育录像,会激发出参加体育活动的热情。因此,不能忽视学校其他体育物质文化形态在学校体育文化环境中的作用。

(二)校园体育物质文化环境的优化

1.扩大体育物资设备

优化校园体育物质文化环境,数量种类多是优化的前提,只有"多"才能进行"优"。因为"优化"在很大程度上就是一个如何选择的问题。如果连最起码的体育设施都不齐全,没有任何选择的空间,优化只能是纸上谈兵。而校园体育不同于商业体育,不能到处拉赞助,因此扩大体育物质设施的资金最主要的来源就是学校的直接投入。当然这种资金投入并不是盲目的。首先,要从实际出发。因为各学校的经济承受能力是不一样的,在经济落后地区,体育设施的要求就不能与经济发达地区的学校相比。其次,要重视扩大体育设施的方向。每个学校的体育文化氛围倾向是不一样的,而这种氛围的倾向性决定了学生参加体育活动的方向,也就是说,在不同的运动项目中,参加的学生人数以及热衷程度是不一样的。因此,在扩大体育设施的时候必须对本校体育氛围倾向有一个充分的了解,然后针对运动人群多而体育设施少的体育项目来扩充设备,从而达到资金合理分配以及资源合理利用的效果。

2.优化现有的体育物质文化环境

优化现有的体育物质文化环境其实就是对现有的体育物质资源进行合理规划,营造出良好的体育物质文化氛围。

首先,校园体育物质文化环境本身是一种文化现象,井然有序的体育场馆和体育运动器材会给人一种舒适的感觉,因此对学校体育物资设备的规划就显得格外重要。如把篮球场集中修建在同一个地方,当学生走进篮球场时就会被浓厚的篮球运动氛围所吸引,那里便成为篮球运动的一片沃土,方便了篮球爱好者之间的交流。

其次,体育场馆整洁干净也是非常重要的。干净整洁的体育场馆能给人一种舒适感,进而使学生更加亲近体育运动。相反,四处都是果皮纸屑、铁锈横生的体育场馆会让人产生厌恶感。

因此,保持学校体育场馆的洁净非常重要,每天都必须安排人对体育场馆进行打扫,以保持场馆的干净整洁,营造出良好的体育物质文化氛围,从而吸引更多的学生参加体育运动。

二、校园体育教学环境

(一)校园体育教学环境的构成

1.体育教学物质环境

体育课是一个实践性很强的课程,在学校体育教学环境中,体育物资设备起到了载体作用,教师通过体育器材来实现教学目的,学生则通过体育器材、场馆进行体育活动。通常体育教学物质环境包括自然环境和体育设施环境。自然环境指的是学校的花草树木、空气、噪声、光线等,这些客观事物在一定程度上影响了学生的学习和训练。体育设施环境指的是由后天改造而来的体育设施,如体育场馆、体育器材、教学设备(秒表、录像带、光盘等),体育设施的好坏直接影响教学质量的好坏。此外,由于物质环境是客观事物的载体,因而合理的场地规划、整洁的场地能使学生产生良好的体育兴趣,具有教育作用。

2.体育教学教师环境

学校体育教师是教学环境的灵魂。他们作为学校体育文化的指导者,对学校体育发展方向有绝对的主导权,学校体育要弘扬什么样的精神、发展什么样的体育传统、提倡什么样的品质和培养什么样的能力等都是由体育教师在思想、行为上的体现和认识决定的。通常体育教师传授什么样的体育传统、精神、品质等,学生就能收获什么样的体育传统、精神、品质等。因此,在学生形成正确的审美观、体育观、人生观以及体育意识方面,学校体育教学教师环境对其影响是巨大的。

3.体育教学网络环境

网络已成为当今社会生活中的一个普及工具。在体育教学中,网络教学越来越广泛,体育教师利用网络给学生讲授最新的体育知识、实施远程教育等,大大提高了教学的效率。在网络教学环境中,体育教师通常拥有自己的一个网站或一个邮箱,学生从指定的网站或邮箱上获取最新的学习任务。另外,在上体育课的时候,体育教师利用课件把平时很难用语言描述的技术动作通过网络以图片或视频的方式展现出来,更能让学生接受。在今后网络逐渐普及的形势下,网络教学的重要性将在体育教学中逐渐凸显。

4. 体育教学人际环境

学校体育教学是施教和受教的实施过程,这个过程中最重要的就是师生之间、学生之间、教师之间的交流。因此,体育教学的人际环境是不可缺少的一部分,良好的人际环境体现为师生间的默契,老师的一个眼神或一个手势,学生就能体会其中的意图,师生互相尊重,老师以高尚的人格品质去感染学生。体育教师间的融洽也同样重要,没有教学界限,互相交流教学经验,互取所长,这对完善学校体育教学非常有帮助。

(二)营造体育教学环境应注意的问题

1. 体育教师的知识修养和综合能力

学校体育教师只有具备丰富的专业知识、文化知识以及体育经验,见多识广,才能让学生信服。体育是一门多学科性课程,而且在运动过程中具有一定的规律性,同时它又是一个发散式的体育活动,如果教师没有一定的专业知识和体育经验,很难对学生当前提出的问题进行解答。此外,作为实践性很强的学科,仅有丰富的理论基础还不够,体育教师还必须具备多方面的能力,如组织管理能力、动作操作能力、人际关系处理能力等。同时,体育教师作为一位传播者,他们的一言一行都备受学生的关注,因此在体育教学的过程中,体育教师应注意言行举止,以身作则。

2. 体育教学环境的普及范围

目前,在体育教学环境普及范围上存在着很大的误区,如有相当一部分教师认为,学校闲暇体育活动不属于教学范围,如课外体育活动、节假日体育活动等。显然这种认识是不对的,因为学生参加闲暇体育的时间远比课堂的时间多,而且很多的体育技能包括体育课内容的后续学习都是在闲暇体育中形成的。如果让闲暇体育自由地发展,那么学生的体育运动技能就会出现很多的错误。因此,这种观念必须得到纠正,应把闲暇体育作为教学任务的一部分,充分利用闲暇体育来传播体育知识。另外还有一个误区,那就是认为体育教学就是以教师为主导,以学生为主体,以教学为内容,以培养学生的健康体魄和终身体育能力为主要目的的一种体育教学。这种认识过于片面,因为培养学生的健康体魄和终身体育能力只是教学目的的一部分,在具有浓厚体育文化内涵的体育教学中,引导学生养成正确的人生观、体育观以及培养他们的合作能力、竞争意识、拼搏精神,同样是体育教学的目的。

3.体育教学环境的硬件设施

学校体育教学环境的营造需要软件与硬件协调发展才能取得好的效果。目前,硬件跟不上软件已成为一种普遍现象,许多体育教师有教书育人的抱负,却因为缺少硬件设施,最终只能使抱负变成空想。而造成这种现象的原因是多方面的,比如学校的财政紧张或学校对体育教学环境的认识不够等。硬件设施是教学的基础和保障已成为不争的事实,硬件设施的短缺必然会给体育教学的质量带来影响,不仅教师无法施教,而且学生参加体育活动同样会受到制约。因此,学校必须高度重视这一问题,增加经费投入,尽可能地满足体育教学的要求。

第四章

校园体育健身文化建设研究

随着全民健身运动的推广、开展，人们的体育健身意识得到不断增强，而校园体育作为全民健身运动得以顺利开展的重要途径和保障，对在校园中建设体育健身文化有着非常重要的作用和价值。本章就校园体育健身文化建设进行研究。

第一节　校园体育健身文化形成的背景及特征

一、校园体育健身文化形成的背景

（一）人们审美能力和健身观念的提高和转变

在市场经济的作用下，各种规劝人们健身和美体的广告铺天盖地，拥有健美的身体成为一种时尚，因此而形成的健身文化成为大众文化的一部分和重要表现形式。在生产企业、广告商和各种传媒的传播之中，健身文化的审美价值观和标准变得更为日常化。

由于文化的差异，中国人的健身观念和审美能力没有完全和国际接轨，但随着经济的发展，文化的交流，这种差距将会越来越小。

目前，全国各大高校都开设了自己的健身房，到健身房已成为一种消费时尚，"请人吃饭，不如请人流汗"成为流行的时髦口号。于是，健身成了一种文化体系，在这种文化的熏陶下，大量的学生根据自己的喜好选择不同的健身项目进行锻炼，希望通过健身锻炼改变自己的体形、增强身体机能。如果能把健康和身体的美感结合起来,身体就能获得它的完美性,这几乎是今天所有人的理想。参加健身锻炼,就是实现这个理想的具体行动。

(二)阳光体育所倡导的理念和校园健身文化融为一体

阳光体育运动所倡导的是一种终身体育锻炼的理念,其提出"每天锻炼一小时,健康工作五十年,幸福工作一辈子"的口号,体现出对人的一生高度负责的态度,突显健康的理念。这就是一种健身文化的植入,并与校园健身文化相融合,体现在注重学生的学习兴趣、爱好和个性发展方面,促使学生自觉、积极地进行体育锻炼,以全面发展体能和提高所学的运动技能水平,让全体学生真正爱上运动,自觉增强体质。阳光体育运动正是通过暂时强制性的活动,逐步培养学生自觉参加体育锻炼的习惯,形成终身体育锻炼的理念,是培养学生健康身心的无形教育力量。

二、校园体育健身文化的特征

(一)健身性

健身文化的主要形式是健身运动的实践。增强健康就是体育健身的最基本功能,实践证明,人们通过参加各种体育活动,能提高有机体的力量、速度、灵敏度、柔韧性、耐力等身体素质,提高有机体对外界环境的造就能力,从而促进身心健康,增强体质。

(二)娱乐性

健身运动是一项极富魅力的竞技运动和娱乐项目,更是一种生活方式。它是一项竞技运动,因为它需要长期艰苦的体能锻炼、付出辛勤汗水和智慧才能在竞争中取得优势的运动,所以具有竞争性。它为人们提供一种积极、健康向上的消遣,给人们带来无穷乐趣。体育娱乐性,按参加者活动的方式可分为观赏性娱乐活动和运动性娱乐活动。观赏性娱乐性活动是指人们观赏各种体育表演和比赛,特别是观赏竞技运动;运动性娱乐活动是指人们亲自参加体育活动,乐在其中。任何一项体育运动所追求的目标是"更快、更高、更强",而唯独只有健身运动是为了"更美",美是要拿出来展示的,在展示美的过程中被观众和喜爱它的人们赋予了观赏性和娱乐性。

(三)时尚性

为了适应学校紧张的学习,越来越多的学生积极投身于健身运动之中,"花钱买健康"或称为"健康投资"已成为一种消费意识和当今社会的一种时尚。

(四)教育性

体育本身就是以运动为手段,使学生身心受到教育和锻炼。从一定意义上讲,健身是教育系统的一个组成部分。健身本身也是民众进行自我教育和自我娱乐的文化生活方式。因此,可以说体育健身也是接受教育和自我教育的手段和过程。健身运动是为了促进人体完美的发展,而寓教育于身体运动的教育过程,它是社会对人的发展施行总体教育的一环,让每个人在身体力行的运动中,锻炼完美的体格,提高人的适应能力。健身运动同样具有陶冶、培养和教化的三个要素。人类发展产生了文化,随着对积累起来的文化价值认识的提高,作为健身文化特性的陶冶性越来越被强调。健身运动不断地追求培养人的可能性和界限,在人格完善中促使人从"自然"到"文化"、从"现实"到"理想"的实现。

(五)艺术性

健美操和体育舞蹈等健身活动都和音乐有密切的关系,音乐是健身房中健美运动的灵魂,尤其是完成健美操动作和形体舞蹈练习必不可少的组成部分。它可以丰富健美者锻炼时的想象力和表现力,培养健美者美感和良好气质。另外,健美训练的过程也是对人体雕塑的过程,这都体现了健美的艺术性。

第二节　校园体育健身活动的科学指导与安全管理

一、学生参与校园体育健身活动的时间选择

(一)早晨运动

早晨进行运动健身是很多人的选择。经过晚上的充分休息,人往往拥有充沛的体力和精力。另外,在早晨空气质量一般相对较好,更加适合进行体育健身。但是需要注意的是,在早晨进行体育健身时,运动量不宜过大,这主要是因为身体机能并没有处于最佳的状态,需要一个适应的过程。很多人在早晨进行运动时多为空腹,如果运动量过大,则可能会造成低血糖症状。因此,在早晨进行体育健身时,可选择一些中等强度的有氧运动,如健身走、太极拳等。

(二)上午运动

上午进行体育健身时需要注意,由于饭后一小时、饭前一小时不适合进行体育锻炼,所以上午进行体育健身的时间一般在早饭后两小时左右进行。如果饭后过早运动,会影响人体的消化、吸收;临近饭前进行体育锻炼则可能会影响人的食欲。为了更好地促进人体的健康,在安排上午的体育锻炼时,不宜安排大运动量的运动。

（三）下午运动

很多人都会选择在下午进行体育运动,运动时间相对较长,运动者可根据自身的需要安排相应的体育健身运动。在进行强度大的运动之后不宜马上用餐。需要注意的是,在下午进行体育健身时,城市中工业污染和汽车尾气污染相对较为严重,空气质量相对较差。因此,在进行体育健身时,应选择空气质量相对较好的场所。

（四）傍晚运动

傍晚进行体育健身时,应与上床休息的时间相隔一小时以上,在体育健身之后,有充分的时间进行整理和休息,这样不仅能够获得一定的体育健身效果,还有利于睡眠。傍晚进行体育健身时,运动量不宜过大,否则会影响肠胃的消化和吸收。如果在睡前进行剧烈的运动,则会使机体处于兴奋的状态,从而影响人的睡眠。

二、学生参与校园体育健身活动的环境卫生

人们生活的环境与身体健康状况具有密切的关系,在体育健身时,了解环境对体育健身的影响,对于身心健康的发展具有极为重要的意义。下面将进行自然环境对人的健康的影响分析。

（一）空气

1.空气对人体健康的影响

空气是人体赖以生存必不可少的环境因素之一。它对人体的生命与健康有极为重要的意义,尤其对物质代谢、气体代谢和热代谢（体温调节）等方面的作用更为重要。人体通过呼吸功能与外界环境随时进行气体交换,当空气中氧含量降低至10％时,人体会出现恶心呕吐,中枢神经活动减弱;当氧含量降至7％～8％时,对一般人来说是一个危险界限,会出现

窒息、体温下降、昏迷、循环障碍,甚至死亡。

成年人每天约呼吸 1000 升空气,其质量约 13.6 千克。人在生命活动过程中需要吸入足够的氧气。新鲜空气可以振奋精神,消除疲劳,提高学习和工作效率,也能改善睡眠、呼吸功能,提高基础代谢。在体育锻炼时,机体为了满足运动时氧的需要,内脏器官呼吸、循环系统的活动相应加强,特别是呼吸加深加快。如果空气不清新,含灰尘杂质和有害气体较多,不但直接影响空气中氧的含量,使体内氧的补充受到影响,而且其中夹带的细菌、病毒还容易进入体内,引起呼吸道及其他疾病。因此,体育锻炼时,更要注意在空气新鲜的环境下进行。为了防止灰尘进入肺内,应当养成用鼻子呼吸的良好习惯,因为鼻腔中的鼻毛和黏膜分泌的黏液对空气中的灰尘、细菌等有一定的清除作用。

2. 空气中的主要有害成分

每天都有无数火炉、锅炉在燃烧,无数的机动交通工具在奔驰。火炉、锅炉和交通工具都需要用煤或石油产品作为能源,随着煤和石油产品的燃烧,各种有害物质散播到了大气中,污染了空气。

二氧化硫是煤燃烧的副产物之一,当空气中有百万分之六的二氧化硫时,人就会感到呛嗓子。硫和水蒸气反应生成硫酸,随雨下降就是酸雨,随雾飘浮在空中就会腐蚀建筑物等。

氧化氮是氧和氮在燃烧中形成的气体,具有毒性。马力大的汽车会产生较多的氧化氮。PM2.5 又称为细颗粒物、细粒、细颗粒,它是环境空气中空气动力学当量直径小于等于 2.5 微米的颗粒物。这种颗粒能够较长时间悬浮于空中,随着其在空气中浓度的增加,空气污染也越严重。PM2.5 颗粒小,面积大,在大气中停留的时间长,并且易附带有毒、有害物质,其随呼吸进入肺泡后,直接影响肺的通气功能,人长期暴露在颗粒污染严重的空气中,可能引发心血管病和呼吸道疾病以及肺癌。

3. 空气污染对人体健康的害处

空气污染对人体健康的害处,可概括为以下三个方面。

（1）急性危害。因气候条件,大量空气污染物不能扩散或转移,或因工厂一次性大量排放有害物质,人们在短时间内吸入很多有毒物质,就会发生急性中毒。

（2）慢性危害。长期生活在污染区的人,呼吸系统受到空气中有毒气体的慢性刺激,呼吸道的防御功能受到损害,就容易患感冒、支气管炎、肺炎等疾病。大气中的烟尘颗粒,也是造成慢性危害的主要因素。

（3）致癌作用。在空气污染物中,有致癌作用的物质达30多种,最主要的来自煤烟、汽车尾气和柏油马路灰尘等。其中一些毒性物质致癌作用很强,长期刺激皮肤,会使人患皮肤癌;长期吸入呼吸道,会使人患肺癌。城市肺癌发病率高于农村,这与城市空气污染严重有重要的关系。

4.到空气新鲜的地方去锻炼效果更好

新鲜空气一般是指含氧较高、含杂质和灰尘较少的空气。在含氧较多的新鲜空气中运动,能帮助我们提高运动能力,提高体育锻炼的效果。氧是维持生命和健康所必需的,在剧烈运动时,如果氧供应不足,新陈代谢不能顺利进行,就不能坚持很长时间。

脑力劳动时单位重量的脑组织消耗氧则更多,大大超过了单位重量肌肉所消耗的氧。大学生长期在人数较多并且不通风的场所学习时,由于空气中含氧较少,二氧化碳较多,氧供应不足,使血液里的含氧量降低,就会感到头昏脑胀。所以在课间或做运动锻炼时应当到室外空气新鲜的地方去,同时要多做深呼吸,以改善血液中的含氧量,促进脑的机能,提高工作、学习效率。

需要注意的是,人体对缺氧的耐受力可以通过相应的体育锻炼来提高。一些运动项目的运动员通过相应的训练,可以明显提高对缺氧的耐受力,大学生也可通过相应的运动训练来提升这方面的能力。

(二)气温

人类是恒温动物,体内应保持恒定的温度。气温的高低对人体的体温调节和新陈代谢有很大的影响。在不同的气温下,人体的新陈代谢强度和散热方式会发生相应的变化以保持体温的恒定。气温在 21 ℃左右时是人体最适宜的温度,此时的生理机能最佳,机体的工作能力发挥最好。

在气温超过 35 ℃时,人就会因大量出汗、体液减少而导致体内环境的改变,运动能力下降,甚至会出现痉挛、中暑等情况。适应热环境者在气温较高时可进行运动,但应注意避免阳光直射,运动时应穿浅色、轻薄和通气良好的服装,运动量由小到大,逐渐达到预定的要求。要经常性地补充水分,适当的淡盐水更好,如出现头晕、抽筋、皮肤湿冷等状况,要立即停止运动,到阴凉处进行处理。一般人对热环境的适应需 4~8 天。

低气温对人体的损害主要是造成局部冻伤。在较冷的环境中进行体育锻炼,严寒会给机体带来一些不利影响,如肌肉工作能力下降、运动能力受到影响。在寒冷环境中,人可能由于体温散失过多而出现头晕、协调能力下降、步幅不稳。在进行体育锻炼时,如果能循序渐进,坚持在冷环境中运动,就可改善人体对寒冷的适应能力,提高耐寒力,有利于身体各系统机能的进一步加强。

在寒冷环境中进行体育锻炼时,应选择合适的保温、防寒运动服装,太臃肿的服装会给运动带来不便,还会导致体热不易散出;体育锻炼前要充分做好准备活动,这样既有利于达到预期的运动效果,又可有效防止运动中出现损伤。

(三)湿度

空气的湿度主要增强气温对人体的作用,影响人体的散热过程。如在高气温下,空气湿度大,就会使机体的蒸发散热受到阻碍,体热蓄积而易造成中暑;而当低气温时,空气湿度大会增加机体的传导散热,使人感到更冷,并易造成冻伤。因此空气湿度过大或过小均对人体不利。正常情况下,空气的相对湿度以 30%～70%为宜。

另外,空气湿度还会加重污染程度,这是因为水蒸气容易以烟尘微粒为凝结核而形成雾,使有害气体不易扩散,所以雾天空气污染比较严重,不宜在室外进行锻炼。

(四)太阳光线

在夏季进行体育锻炼时,强烈的阳光可能晒伤皮肤,甚至引发人体中暑。因此在进行体育锻炼时,应注意防晒避暑,避免在阳光强烈的地方进行体育运动。

阳光中有紫外线和红外线。紫外线带有很大的能量和很强的化学刺激作用,是一种消毒杀菌能力很强的光线。皮肤经它照射后,能提高抗病能力,还能使皮肤里的 7-脱氢胆固醇转变成维生素 D。另外,紫外线还能刺激人体的造血功能,使骨髓产生更多的红细胞,对预防贫血有一定的作用。红外线是产生热作用的射线,对人体起温热作用。它的热能可穿过皮肤深入肌肉组织,使血管扩张,加快血液循环,改善人体的供能,增强物质代谢,同时还可以使神经兴奋,使人精神振奋。

三、学生参与校园体育健身的生活卫生

(一)睡眠与健康

睡眠是人们消除疲劳保持身体健康的生理功能之一,是一种重要的生理现象,是人脑和各器官的一种最基本的休息方式。脑组织中存在着一种抑制灶,当抑制灶处于优质状态时,抑制就会向周围弥散,引起大脑皮层的普遍抑制,从而产生睡眠。人处于睡眠状态时,一切感觉功能和生理功能都下降到最低水平,人体似乎与周围环境暂时失去了联系。睡眠时心脏活动减慢,变弱,血压降低,呼吸减慢,尿量减少,体温略有下降,人体的代谢率偏低,整个机体处于调整和恢复状态之中。

一个人每天都要有充足的睡眠。睡眠时间的长短,要根据不同的年

龄而定。一般来说,学龄前儿童每天需要 10 小时的睡眠,青少年每天需要 9 小时的睡眠,成年人每天需要 8 小时的睡眠。

睡眠时间长并不等于休息好。衡量睡眠的标准主要是"质",即睡眠深度。像"春眠不觉晓"形容的那样深沉而恬静,一觉到天亮,才能有效地消除疲劳。如果睡眠质量高,可适当缩短睡眠的时间。

要想提高睡眠的质量,首先要养成良好的生活习惯,每天按时睡觉,按时起床;其次要为睡眠创造良好的条件。卧室要安静,空气要流通,光线宜暗,被子要轻软暖和、清洁卫生,这样有助于入睡。注意睡前不要喝浓茶、咖啡,也不要吸烟,因为这些对大脑都有刺激作用,容易引起兴奋。

长期失眠使人感到很痛苦,也会影响人的健康。引起失眠的原因是多方面的,有些大学生往往是由于学习、上网等过度,打乱了正常的生活规律,影响了睡眠的节奏,致使精神长期处于紧张状态,导致大脑皮层的兴奋与抑制发生紊乱,造成失眠。在这种情况下,必须从调整生活、学习时间安排入手,恢复正常的生活节奏,才能使失眠得到治愈。同时,失眠往往不是一种孤立的症状,还可能与高血压、心脏病、神经衰弱等疾病有关。因此,如果连续几天失眠应及时去医院检查诊治,只要原发病治愈,失眠症状也会随之消失。

为了使睡眠质量提高,在睡前应注意避免过于兴奋,避免进行剧烈的体育锻炼。在睡前应先静心,保持良好的心态,这样才能够更好地进入睡眠状态。

(二)戒除不良嗜好

1. 戒烟

世界卫生组织和各国科学家做了大量的社会调查和科学试验,证明吸烟对健康有很大的危害。吸烟能诱发和加重多种疾病,降低人体的健康水平,甚至缩短人的生命。

吸烟的危害在于香烟中所含的大量有毒物质会伴随吸烟活动进入人

体,侵蚀机体的健康。在这些物质中危害最大的是烟碱、烟焦油和微尘,其中烟碱(尼古丁)是神经系统和血液循环系统的杀手,毒性强烈;而烟焦油则与喉癌、口腔癌、食道癌、胃癌,特别是肺癌关系密切;一支香烟中有几万粒微尘,而吸入大量的微尘,不断刺激气管的黏膜,就会引发咽喉炎、嗓子变哑、咳嗽和支气管炎等症状。人在刚开始吸烟时并不适应,会引起胸闷、恶心、头晕等不适,但如果吸烟时间久了,血液中的尼古丁达到一定浓度,就会反复刺激大脑并使各器官产生对尼古丁的依赖。

吸烟不仅害己,还会损人。一些不吸烟的人,如果处于烟雾弥漫的场所,会吸入吸烟者喷出的烟雾,称为被动吸烟,危害也很大。

2.饮酒切忌过量

酒的主要成分是酒精,也称乙醇,是一种有毒物质,如果大量摄入,会毒害人体的一切细胞,对身体产生破坏作用。

人体的神经系统对酒精极为敏感,有些人饮了少量的酒后,会变得"健谈"起来,这就是中枢神经系统功能失调的初期表现。

酒精对心脏危害较大,长期过量饮酒,会使心脏变性,失去正常的弹力并增大。长期饮啤酒的人,心脏扩大最为明显,医学上称为"啤酒心"。酒精还会使血液中的脂肪物质沉淀在血管壁上,使血管变窄,血压升高,增加心脏的负担。

当然,人们在紧张的学习、工作之余,饮少量的酒,对消除学习和工作的疲劳,促进消化液的分泌,增进食欲是有一定作用的,但切忌过量。

(三)劳逸结合

学习时间长,大脑会出现疲劳现象,学习效率下降,视力也受到影响,这时就需要进行休息和调整。最好的方式是采用积极性的休息,如进行体育活动或散步等。每天保证1小时的锻炼时间,能够提高大脑的反应能力,对保持视力健康也具有积极的意义。

如今电脑逐渐普及,并且已经成为大学生生活和学习中的标准配置。

但是,很多大学生没有养成良好的使用电脑的习惯。很多学生连续几个小时盯着屏幕看,常会感到眼睛疲劳,有时头痛,甚至会使眼睛聚焦困难,看东西模糊;有的由于长时间玩电脑游戏,不但视力受到很大影响,还使大脑长时间处于紧张状态,导致肠胃功能紊乱而影响健康。

(四)运动服装与卫生

在进行体育锻炼时,穿合适的运动服装是非常重要的,并且不同的运动对于服装也会有不同的要求。运动衣要轻便、舒适,夏季以浅色薄运动衣裤为好,冬季在不妨碍运动的前提下,应注意衣服的保暖性。另外,运动服装还应有较强的透气性和吸湿性。同时要注意个人的卫生,要勤洗勤换。具体而言应注意以下两个方面的问题。

1. 运动鞋

运动者在选择运动鞋时,应根据自身所从事的运动项目的特点进行选择。很多体育运动都有其专业的运动鞋,如篮球鞋、足球鞋、网球鞋、舞鞋等。这些运动鞋专门针对各个运动项目的特点而设计,能够保证运动锻炼者更好地开展各项体育运动。如果篮球运动者在进行篮球运动锻炼时不穿篮球运动鞋,在运动时就很容易滑倒,并且还可能出现脚部的损伤;另外,篮球运动对于鞋子的磨损也较大,一般的鞋子根本无法满足篮球运动的需求,穿普通的鞋子运动时会很容易损坏。

在选择运动鞋时,一定要试穿,确定鞋子的大小与脚的大小相符合,如果过大或过小,都会对体育锻炼造成不利影响。另外,运动鞋应有助于透气、排汗,尽量不要选择橡胶运动鞋。运动鞋也不应太重,避免脚部负担过重。

除了挑选合适的运动鞋之外,还应选择专业的运动袜。运动袜应相对较厚,不仅有利于汗液的吸收,还能够缓冲运动过程中的震动。另外,运动袜还能减少脚部摩擦受伤。

2. 运动衣

运动衣一般要相对较为宽松,在运动过程中使人感觉较为舒服,并且有利于血液的循环,保证人体正常代谢物的排泄。如果运动服紧身,则可能不利于汗液的排泄,还可能造成皮肤的擦伤。另外,紧身的衣物也会对人体的肢体和关节具有一定的束缚作用,不利于运动中各种动作的完成。

在运动中,还应注意及时更换衣服,如在天气较凉时进行运动,排汗量增加时应及时去除外套,在运动之后应及时增加衣服(应及时更换被汗水浸透的衣服)。

需要注意的是,很多人认为穿不透气的衣服进行体育锻炼能够增加人体的排汗量,从而达到减肥的目的。这是一种错误的观点,会很容易造成人的脱水和中暑,从而给人体带来一定的伤害。

四、女大学生参与校园体育健身活动的体育卫生与保健

女子经常参加校园体育健身活动,不仅可以促进身体的生长发育,增进健康,提高身体各器官和系统的功能水平,使之能更好地胜任对身体要求较高的工作任务,而且还可以使身体各部分的肌肉得到协调均匀的发展。特别是通过体育健身能使腹肌、腰背肌和骨盆底肌的肌肉力量得到增强,这对于其以后妊娠期的身体健康具有积极的作用。

(一)女子参与体育健身的注意事项

青春发育期后,由于男女少年在身体形态与生理机能及素质方面逐渐出现明显的差别,因此在进行体育健身时,必须考虑到身体的生理特点,因此提出以下五个方面的体育健身要求。

第一,女子心血管、呼吸系统机能较差,锻炼的强度、时间及负荷量在运动时需要根据其主观感受确定。

第二,女子肩部较窄,臂力较弱,做悬垂、支撑及大幅度摆动动作较为吃力,在学习这些动作时,要注意循序渐进。

第三,女子身体重心较低、平衡能力较强、柔韧性较好,适宜进行健美操及体操等活动。在锻炼中,应注意保持和发展其柔韧性,有意识、有步

骤地使她们加强肩带肌、腹肌、腰背肌和骨盆底肌的锻炼。

第四,女子不宜过多地做从高处跳下的练习,地面不可过硬,并注意落地姿势,以免使身体受到过分震动,影响盆腔脏器的正常位置及骨盆的正常发育。

第五.通过体育锻炼发展力量、速度和耐力等素质,提高女大学生的健康水平和运动成绩,并且养成长期锻炼的好习惯。

(二)女子月经期的体育卫生

月经是女子正常生理现象,在月经期间,人体一般不出现明显的生理机能变化。因此,月经正常的女子在月经期间,可以参加适当的体育活动,如做广播操、打乒乓球、羽毛球或打排球等活动。通过这些活动,不仅可以改善盆腔的血液循环,减轻盆腔的充血现象,而且运动时腹肌与骨盆底肌的收缩与放松活动对子宫所起的柔和的按摩作用,还有助于经血的排出。此外,丰富多彩的体育活动还可以调节大脑皮层的兴奋和抑制过程,从而减轻全身的不适反应。月经期进行体育锻炼应注意以下四个方面的问题。

1. 运动量应相对减少

由于一般人在月经期间身体的反应能力、适应能力和肌肉力量会有所降低,神经调节的准确性及灵活性也有所下降。因此,月经期间运动量的安排要适当减少,活动时间不宜过长。月经期间一般不宜参加比赛,因为比赛时活动强度较大,精神过于紧张,体力及神经系统都不能适应,易导致卵巢功能失调引起经血过多或月经紊乱。

2. 不宜进行游泳运动

月经期间除应注意经期一般卫生外,还不宜游泳。因为经期子宫内膜脱落后,子宫内形成较大的创面,子宫颈口略微开大,宫腔与阴道口位置对直。此时,人体全身与局部对病菌侵袭的抵抗力下降,游泳时病菌可能侵入内生殖器官,进而引起炎症。此外,月经期间也应避免寒冷刺激,特别是下腹部不应受凉,冷水浴锻炼也应暂停。

3.不宜进行剧烈运动

月经期间应避免做剧烈的、大强度的或震动大的跑跳动作(如疾跑、跨跳、腾跃、跳高、跳远等),以及使腹内压明显增高的屏气和静力性动作(如推铅球、后倒成桥、收腹、倒立、俯卧撑等),以免子宫受到过大的震动或由于腹内压过于增高而使子宫受压、受推,造成经血过多或引起子宫位置的改变。

4.不宜进行体育锻炼的女性

对月经紊乱(经量过多、过少或经期不准)以及痛经(经期下腹部疼痛)和患有内生殖器炎症的女生,在经期间应暂停体育活动。

第三节　阳光体育背景下
校园体育文化建设路径探索

一、加强大学生校园健身管理和指导工作

根据调查可知,虽然大学生对健身有较好的认知,对健身活动有一定的兴趣,但是他们的健身意识不稳定,兴趣容易发生转移,实际健身行为不太积极,因此加强领导,建立并完善校园健身制度和评价体系,统一组织管理和指导工作对大学生校园健身活动的开展显得尤为重要。

强有力的领导班子是推动高校健身文化事业发展的前提,学校可以成立学生健身工作委员会,统一组织和管理学生校园健身活动的开展,使校园各项健身活动有领导、有计划、有组织、有落实。同时,支持学生成立各种健身协会或健身社团,并且为他们的健身活动创造一切有利条件,提供引导、支持和帮助,使之能顺利开展。

校园健身规章制度是构建校园健身文化的依据。通过制定大学生校

园健身的各项规章制度,建立完整的校园健身活动评价体系,把校园健身活动纳入法治化、规范化、科学化的运行轨道。可在学校相关考核条例中,明确学校各部门在健身活动中的基本职责,把学生的健身活动列入学校各部门每学期的工作计划,并制定出相应的实施方案。建立师生合作监测制度,实时监控学生校园健身活动的开展情况和校园健身文化的发展状况,以最先进、最优秀的文化来促进和引导校园健身活动持续发展。同时要完善各种对学生参加健身活动的评价体系,可以通过改革高校体育课成绩评定办法,将原来单纯的技评、达标、终结性评价体系融入体能素质、参加校园健身活动的态度、表现与团队精神等多维内容,以此来提高大学生的校园健身实效。

认真做好大学生健身活动的组织与指导工作。充分发挥高校体育教师团队的专业特长,帮助学生根据自己的具体情况(身体素质、兴趣爱好、时间地点等)确定健身锻炼目标,选择好健身项目、方式和手段,制订好适合自身的健身计划,并付诸实施。建立健身项目现场辅导站和网络指导站,安排学校体育教师帮助学生调整健身计划,对健身活动中出现的各种情况进行科学的分析、指导、帮助,不断强化学生参与健身活动的兴趣,促使其坚持参加健身锻炼,同时也能够吸引更多的人参与其中。

二、积极改善高校校园体育健身环境

从心理学上讲,当大学生已经认识到了健身的意义和作用,对健身产生了较浓厚的兴趣时,他们的健身意识就会处于自觉活跃状态,就会主动利用校园健身资源来满足自己的健身愿望。如果这时学校的健身资源不能满足学生的健身锻炼需要,那么他们健身的主动性将逐渐消退,健身的实效也将大打折扣。调查结果表明,大多数学生都愿意在校园里参加健身锻炼,学校健身资源的短缺,会直接影响大学生参加健身锻炼的意愿。因此,高校应结合现有条件充分挖掘本校体育健身资源潜力,为大学生开展体育健身活动创造条件。

要争取学校领导对校园健身文化建设的高度重视,为校园健身文化建设提供领导和为体育健身基本建设投入经费。积极改善高校的体育健身设施状况,扩大体育健身活动设施占地面积,建设小型多样的健身场所,增添必要的现代体育健身设施。还可以购置一些健身器材摆放在校园操场上,让学生自取、自用、自放,并提供多种学生感兴趣的健身项目,如攀岩、户外运动、野外生存等项目,来激发学生参与健身的热情,真正把"让"学生健身锻炼变成学生自己"要"健身锻炼。

体育教师团队是构建和完善校园健身文化的重要保障。学校体育教师要在不断提高自身业务水平能力的同时,注重调整转变知识结构、不断增强知识创新意识,使自身所储备的体育健身内容、方法、手段能满足大学生校园健身需要。同时,要不断深化高校体育课程改革,在认真完成国家规定的课程方案的前提下,积极开发以健身教育为重点的公共选修课程,编写一些有本校特色的健身教育校内教材,向学生传授体育健身知识和方法,逐步形成和完善学校健身教育特色课程和健身教育的课程体系。另外,高校体育课和课外活动时间是学生开展健身活动的主渠道,要充分利用"三课两操"时间开展健身游戏、健身体操和健身舞蹈等系列活动,让学生在活动中学会健身,在健身中丰富文化,并养成健身的良好习惯。

三、努力营造良好的高校校园健身文化氛围

(一)健身文化活动要丰富多样

丰富多样的健身文化活动是构建校园健身文化的核心。学校通过开展"校园健身文化系列活动",能够加强校园健身文化宣传教育力度,使文化与健身呈现良性互动,这样既可以让大学生对健身文化有一个直接的感性认识和良好的情感体验,也能够让他们进一步了解健身的意义、目的、价值和方法,树立正确的健身观,从而提高大学生的创新能力和艺术欣赏水平。

(二)定期举办校园"健身节"

"健身节"的活动形式可以多样化,既包含健身表演、健身比赛、健身文化宣传教育等,也可以开展一些体育讲座、演讲等。"健身节"不仅要开

展各种有趣的健身活动,还要让学生在健身趣味活动中感受到健身锻炼的快乐,并为他们提供一个展示自我和发现自我的平台。另外,还可以利用"健身节"开幕式、闭幕式等大型活动让全校学生和教师参加,也可以让外校师生参加,这样不仅是全面地展示学校健身文化生活的一个机会,而且是对外宣传学校的一个窗口,通过宣传让社会更多地了解学校,使校园健身文化形成一定的社会效应。

(三)改革校运会

为了让学生适应日益增长的校园健身文化需求,可以把运动竞赛为主的校运会转变为集健身、竞技、娱乐、艺术、文化活动为一体的现代体育活动。项目编排可结合学生的兴趣、民族特色、地方特色和传统特色开设一些新的健身体育项目和表演项目,如广播体操、健美操、狮舞、龙灯舞、多人多足、篮球等。使现代文化与民族文化、地方文化和传统文化相互交融,使校运会充满文化气息,丰富和促进校园健身文化的发展。

(四)渲染氛围

氛围渲染是校园健身文化发展的必要条件。积极开展以校园健身为主题的各种形式的比赛活动,如"美在健身"绘画比赛、"健身诗歌"征集比赛和"在健身锻炼中成长"征文比赛等。通过比赛活动,让学生把参加健身活动中的精彩瞬间、感人场面和自己在健身活动中的经历、感悟等描绘成画,编织成诗,撰写成文来提升学生对校园健身文化的认识,营造浓厚的校园健身文化氛围。还要充分运用学校的网络、报纸、广播和板报等媒体,有目的、有计划地开展宣传活动,提高大学生对健身的认识,树立正确的健身观。另外,可以邀请奥运会获奖运动员来校做报告或讲座等,宣传奥运健儿顽强拼搏的精神,让学生进一步了解奥运精神,并将奥运精神转化为参与健身锻炼的推动力,以实际行动投身到校园健身文化建设中,为构建和谐校园做贡献。

第五章

校园体育竞技文化建设研究

竞技体育文化作为一种文化现象,在现代社会给人们的生活和工作带来了重要影响,其在传入学校后,成为校园体育文化的重要组成部分,对学校体育的发展及学生的成长也产生了重大的影响。科学建设校园竞技体育文化,可以推动竞技体育积极作用的发挥和校园体育文化体系的健全与完善。本章主要就校园竞技体育文化建设进行研究,主要内容包括竞技体育文化概论,校园竞技活动与育人,我国高校体育竞技人才培养模式构建,以及学校竞技体育与校园体育文化在多层面上的互动发展。

第一节　竞技体育文化概论

一、竞技体育

(一)竞技体育的概念

竞技体育作为体育的一个分支,是一种以竞赛为主,以获得优异的运动成绩,以赢得比赛为目标的体育活动。它是随着社会经济、商业、文化等各方面的发展,在大众体育的基础上逐渐发展起来的,并且随着时间的流逝,竞技体育对于社会的作用越来越大,在人们生活中的地位也越来越高,已经成为不可缺少的组成部分。

运动训练学对竞技体育的定义是:"在全面发展身体,最大限度地挖掘和发挥人(个体或群体)在体力、心理、智力等方面潜力的基础上,以攀登运动技术高峰和创造优异运动成绩为主要目的的一种运动过程。"

如果从社会学的角度来看,竞技体育其实可以作为一种现象来研究,它是"一种位于游戏到工作的这一连续演变过程中间的一种制度体系化的竞争性体育活动"。

(二)竞技体育的分类

1.非正规竞技体育

非正规竞技体育是指运动参与者为达到娱乐休闲目的而进行的带有健身性和游戏性特点的身体活动。尽管这些活动属于非正规的竞技体育,但是与竞技体育相同的是,非正规竞技体育也需要在运动规则的指导下开展,只是这种规则没有竞技体育那样严苛,比较随意,具有临时性。

非正规竞技体育的组织比较松散,运动进行时甚至有时不设裁判员,由双方协商处理场上的争议问题。这种运动几乎没有任何功利目的,参与运动的人也不是为了达到一个多么高的技术水平。一般学校班级间的非正式比赛、社区组织的竞赛、大众体育中的初级竞赛活动等都属于非正规竞技体育。

2.组织化竞技体育

组织化竞技体育的特征为其拥有一个基本的管理组织,为了使比赛双方在一个公平的环境下争夺"利益",它有正规的团体和竞赛活动章程、规则,以及有关的组织体系,并提供运动设施、管理人员,在有争议时可以出面仲裁,还为参加者提供训练和比赛的资格和机会,对参加者的合法权益加以维护。这类竞技体育组织一般包括各国各地区体育协会、职业俱乐部、体育运动青年会、大学球队等。

3.商业化竞技体育

商业化竞技体育融合了非正规竞技体育与组织化竞技体育的某些要素,但其更多地被笼罩于某种商业目的或企业文化目的之下,因此使竞技体育中增加了许多商业活动和商业行为。这种竞技体育具有高度组织化的特征,参与者被分割成对立的利益群体。

二、竞技体育文化

(一)竞技体育文化的含义

竞技体育的文化内涵包括:(1)记录人类创造潜能的运动文化;(2)提高社会道德水平规范的文化,竞技体育中树立的公平、公正、民主、协作;(3)提高审美意识的情感文化,可以净化人的社会情感,提高社会的审美情趣,陶冶社会心理观念文化所负载的价值,在深层次结构方面影响着社会心理和民族精神,竞技体育对人的教育、对人的社会化作用、对个性的发展和培养有着积极的作用。

竞技体育文化发展至今,已经成为了世界性的文化符号,不仅体现了国家意志和政治利益,还展现了民族价值取向和人文气息,逐渐成为国家文化的重要元素。伴随着经济全球化脚步和奥林匹克精神普及,竞技体育文化日益成为全球文化的代表,展现了人类对于自我挑战、突破极限和和平发展的期盼,促进了全球多元社会文化的建设。

(二)竞技体育文化的特征

1.竞技体育文化是牺牲"人道"弘扬人性的活动

竞技体育作为一种挑战自我、超越自我的生命活动,其本身就孕育了无穷的魅力和不竭的价值,当以人为中心,以人的和谐、全面发展、追求竞技体育的美与善为尺度时,一幅"人道缺乏症"的图景出现在眼前:无数的竞技者,为了超越前人和对手,实现自己的价值,他们不仅要经过长期的、以战胜自我为目标的极限强度训练,而且还要承受创新、创难动作带来的身体上和生理上的极大摧残。竞技体育以牺牲"人道"作为获得成功的基石,从这个角度来看竞技体育是残酷的,与此同时,竞技体育又是一种弘扬人性的活动。竞技体育的魅力正是来自它所体现的那种"超越自我、挑战极限"的精神气概;来自它提供了人进行自我发现和自我超越的机会和可能;来自运动员那种不怕牺牲勇往直前的大无畏英雄主义精神。

2.竞技体育文化强化"竞争",倡导"和平"

竞技体育是一种情感文化。它以特殊的方式,呼唤人们投入这一神圣、崇高、壮观的游戏,呼唤着人们表达自己久欲表达但又不易表达的"征服"欲望,在这种"超越自然"的文化中,社会对本能的一切压抑刹那间得到了释放和消解。竞技体育作为一种"人造"的"超越自然"的文化,人们从中找到了"本质的力量"。没有竞争和比赛,所谓运动,所谓体育,都成了丧失活力的躯壳。现代人把竞技体育看成"通过人类文化的进步而发展起来的一种特殊的、礼仪化的战争。"自然界发展的历史和人类进化的历史是一部竞争的历史。这在达尔文的《进化论》中描述得非常生动,竞争是一种较为普遍存在的社会现象,优胜劣汰是自然界和人类赖以生存和发展的客观规律。从某种意义上说,竞争也是人类的天性,而竞技体育中的这种竞争性则表现得更为淋漓尽致。没有竞争就不会有发展,竞争成为竞技体育的灵魂。

竞争不仅存在于竞技运动中,成为竞技运动的"主动脉",它还存在于世界的各个角落。当人类生命需要的广泛性与维护这种需要的利益的有限性之间发生强烈冲突时,竞争就不可避免。人类进入文明时代,社会上充斥着野蛮与阴谋的竞争,战争如同梦魇一般伴随着人们的漫漫长夜,当悲惨的一幕幕连续上演的时候,人们对"和平"的渴望和对战争的"厌恶"也达到了顶峰。人类通过各种活动表达他们对于"世界和平""人类无战争侵蚀"的极大愿望。在这一过程中,竞技体育比赛成为人类宣扬和平最有效的手段,现代体育竞赛更是将"希望世界和平"的主题发扬到了极致。以体育竞赛代替军事对抗,始终是现代奥林匹克运动的梦想,是人们对以体育淡化战争、以文明挑战野蛮、以和平代替战争的孜孜追求和极度的渴望。

3. 竞技体育文化以运动员"忍受痛苦"来渲染"快乐"

竞争是竞技体育的灵魂,在赛场上赢得冠军,创造优异的运动成绩成为竞技者们相互追逐的目标。为了达到这个目标,他们一次次挑战自己的生理极限和生命意志,为了竞技的胜利,运动员在平时的训练和每一次比赛中都要忍受巨大的痛苦和压力。一次次高强度的训练,运动员的身体受到伤病、药物治疗的折磨,即使是在比赛中,很多运动员都必须通过注射止疼针或打封闭来缓解比赛时的疼痛。无论大大小小的比赛,都是运动员训练水平的检验,特别是在大型比赛中,运动员由于过度紧张,精神会变得过于焦虑,于是出现了赛前恐惧症、赛后忧郁症等多种心理问题。竞技体育,尤其是高水平的竞技运动,它往往泛化为一种"国家行为",并具有浓厚的"国家象征"之意味。所以竞技者的竞技行为,就已经不单是个人的行为,而是作为一种国家象征来看待。这种巨大的力量或者说对国家尊严的挚爱,把竞技者个人"小我"的影子消解在了国家"大我"的亮光之下,得到了一种感情的升华。在获得胜利的那一瞬间,运动员训练所受到的一切伤病困扰与承受的一切痛苦都被"快乐"所取代!

4.竞技体育文化以严密"规则"来伸张"自由"

"无规矩不成方圆",竞技体育亦是如此。运动员想要在激烈的比赛中战胜对手,除运动员自身因素之外,对于他们的训练及生活作息管理都有一套严密的规章制度,训练基地与外部世界形成了巨大的反差,就像一座高墙隔开了两个不同的世界:高墙之外,充满生机与活力;高墙之内,只有运动员每天高强度的训练以及下训后单调的生活。运动员如同由骨、关节、肌肉所组成的机器一样,不停地运转(训练),像病人一样"失去自由",等待"康复"。在这样一种精神与心理双重压力控制之下的运动员,赛场成为他们最好的发泄方式,赛场之上,他们张扬着自己的个性,狂奔与怒吼,用自己最完美、最洒脱的肢体语言去宣泄他们的情感,伸张自己对于"自由"的向往与渴望,体现出了一种有别于训练时的激情和急于宣泄的热情。这也表达了运动员的自由意志和个性力量想通过赛场释放的自然欲望。

(三)竞技体育文化发展的意义

1.竞技体育文化对人本和谐的构建的意义

人类自身多种功能的协调与良好融合是人本和谐的主要表现,如人的身体健康、心理状态良好、社会适应能力较强,具有正确的世界观、人生观、价值观。此外,人与自然、社会的和谐也是人本和谐的内容。

竞技体育文化对人本和谐的塑造主要体现追求人在身心发展的一致性上。其实早在几千年前的古希腊人的思想中就已经存在这种理念了,考古学家曾经在希腊一处峭壁上发现了一句古老的希腊格言:"如果你想强壮,跑步吧! 如果你想健美,跑步吧! 如果你想聪明,跑步吧!"可见古希腊人对体育的热爱以及他们很早就充分认识到健全的精神寓于健全的体魄之中,而且这种对体育运动的意愿不仅仅是热爱那么简单,他们甚至早已将这种理念融入民族的血液之中并一直流传下来。

时至近代,现代奥林匹克运动之父顾拜旦在其著名的《体育颂》中热情洋溢地礼赞:"啊,体育,你就是美丽!你塑造的人体,变得高尚还是卑鄙,要看它是被可耻的欲望引向堕落,还是由健康的力量悉心培育:没有匀称协调,便谈不上什么美丽。你的作用无与伦比,可使人体和精神和谐统一。"顾拜旦以诗一般的语言肯定了竞技体育既塑造美丽的人体,也塑造美丽的心灵,并使二者达到和谐统一。

另外,《奥林匹克宪章》也进一步解读了竞技体育的人本和谐的含义:奥林匹克主义是将身、心和各种品质均衡地结合起来,并使之得到提高的一种人生哲学。这段话反映出奥运会将对完整而健康的"人"的塑造,促使人们具有健全的心理素质和良好的社会公德,培养全面发展的人看作是竞技体育的精神实质。《奥林匹克宪章》认为一名没有良好品德的运动员即便得到再好的名次,也不能得到他人的尊重和敬仰。这就从侧面说明了竞技体育并不仅仅是想要得到在某项运动中拥有登峰造极水平的运动员那么单一和纯粹,它还需要运动员拥有与这种运动水平相匹配的心理素质。

2. 竞技体育文化对人与自然和谐的构建的意义

人类社会要想平稳、快速地发展,就必须对人与自然之间的关系予以重视,促进人与自然的和谐发展。人与自然的和谐是指既关注人类,又关注自然,实现人与自然携手,生物与非生物共进,过去与现在统一,现在与未来的对话,时间与空间协调。竞技体育与人类任何活动一样,必须依附于一定的自然环境,否则,它就无法存在和发展。竞技体育的可持续性发展离不开对自然环境的利用,并且要在发展的同时保护自然环境,二者必须协调统一。近年来已经有越来越多的人认识到在体育发展与保护自然环境中寻找平衡点非常重要且紧迫。我国成功举办北京奥运会后,"绿色奥运"的理念深入人心,对人与自然的和谐发展起到了重要的宣传与推动作用。现代竞技体育中蕴含的"绿色"理念的深层含义在于体育与自然环境的共生与相互关怀,在于体育在促进人与自然环境的和谐发展中所起的重要作用,体现的是人类在竞技体育中对大自然的关怀与人道主义精神。从这一层面上说,竞技体育文化中所蕴藏和弘扬的"绿色体育""绿色奥运"等理念在很大程度上促进了人与自然的和谐发展。

3. 竞技体育文化对人际关系的构建的意义

人际关系的和谐主要是人与人之间处于一种公平、公正的关系中,在这种关系中每个人享有的权利与义务相同,没有人可以获得特殊化的对待,而且在整体上没有根本性的利益冲突,即便个体之间难免发生某种冲突,在经过沟通和交流后仍旧能达到相互激励、相互促进的人际互动的社会关系。竞技体育能够顺利发展,根本在于尊重客观和奉行公平、公正的原则,公平捍卫了体育竞赛的秩序与和谐,公平、公正的原则要求竞赛各方在规则面前人人平等。在这一原则下,个人或国家的权势和财富被摒弃在竞赛场之外,在场上对阵的双方不论国籍、社会地位和财产,运动员们只以他们的体力和技能参与角逐,比赛判定胜负的唯一标准是运动员在运动场上的成绩。正如《体育颂》中对体育的赞颂:"啊,体育,你就是正义! 你体现了在生活中追求不到的公平合理,……取得成功的关键,只能是体力与精神融为一体。"这说明了竞技体育中的人与人之间的平等和谐的关系。在竞技体育中,利益的分配有章可循、有则可依,竞技场上的竞争异常激烈,但都是在一个相对公平的环境下进行的,可以说没有任何一个场合能与之相比。因此竞技体育中蕴藏的这种文化内涵对构建人与人之间的和谐具有重要的影响和作用。

4. 竞技体育文化对国际社会关系和谐的构建的意义

古希腊时期举办的奥运会非常有文化特点,奥运会是祭祀活动的一个组成部分。因此,为了保持奥运会的神圣感,古希腊各城邦通过协调约定在奥运会举办期间任何城邦不能发动战争,这就是所谓的"神圣休战"约定。通过这项约定可以看出竞技体育的古老渊源中已经开始显现出了各个政治主体之间和平、友好的基因,至少是拥有这种基因的趋势和意识。在文明社会里,竞技体育可以以有效而安全的方式转移和宣泄人类本性中的暴力和攻击性的本能。竞技体育运动中蕴藏的丰富文化内涵,不仅将攻击性引向有益渠道,而且促进各个国家相互了解,促进民族文化相互交流,促进人类和谐共处。

第二节　校园竞技活动与育人

一、运动教学育人

运动教学育人不是一个孤立的教育过程。在传统运动教学中,往往只重视技术教学,忽视育人,这不利于培养有个性的、全面发展的运动人才。

(一)转变教学思想

1.教学中心由技术转向人

传统的运动教学以提高运动技术水平为中心,虽然培养了一批竞技水平高的运动后备人才,但是这些后备人才的综合素质并不高。当前,国内教育改革提出了从以知识为中心向以人为中心转变的教学思想,教育方式也从"应试教育"向"素质教育"转变。因此,竞技教育的教学思想也必须从以提高运动技术水平为中心,向以促进人的全面发展为中心转变。把提高运动技术水平作为促进人的全面发展的载体,努力让学生处理好学会做人与学好技术的关系,这是一项重大的课题。需要注意的是,强调运动教学"以人为本",并非忽略运动知识技能的教学,而是强调在运动技术教学中要潜移默化地教育人,这一点非常重要。

2.教学的主要矛盾由"教"转向"学"

传统运动教学中,教师如何"教"一直都是一个十分重要的问题,但却很少研究学生"学"的问题。这直接制约了运动教学的发展和学生的全面发展。若教得好,学得也好,运动教学的效果会更好;如果教得不理想,学得好,尚可理解;反之,是不可取的。当前国内教育改革提出,让学生"学会学习"(培养学生获取知识的能力比单纯传递知识更重要)、"学会做人"和"学会做事"的呼声越来越高。因此,在运动教学过程中,教师应"教会"运动员如何学习、做事、做人,学生应"学会"如何学习、做事、做人,这是我国竞技人才后备队伍从"体能型"向"智体型"转变的重要措施。

（二）运动教学育人的内容体系

运动教学育人的内容体系包括理性育人和兴趣育人。

1. 理性育人

运动教学的理性育人是指把传授运动理性知识与育人相结合的教育方式。以往的运动教学突出了运动技能的实践教学，忽略了将其与运动专业的理论及提高运动员素质的教育有机地结合起来进行多方位的育人。

运动教学的理论教学改革，首先，要把专项的人文教育与实践教学结合起来。例如，排球要讲中国"女排精神"；乒乓球和体操要讲中国乒乓球队和中国体操队制胜的人文精神，以此教育学生学会做人、学会竞技。

其次，在重视专项运动理论教学的同时，还要加强对学生运动队伍基本素质的教育，包括政治素质、文化素质、身心素质和就业素质等。提高其基本素质可以为其今后做人、竞技、就业打好基础。

2. 兴趣育人

运动教学的兴趣育人是指在运动教学中，把培养学生的学习兴趣与掌握技术有机结合起来进行育人的方式。青少年后备人才高超的运动技术是在枯燥的教学与训练中千锤百炼而形成的。所以，在长期的、艰苦的运动教学中培养学生的学习兴趣十分重要。如果学生在没有兴趣的条件下完全靠毅力来学习是很难的，只有在兴趣的驱使下，才能坚持完成学习。因为毅力受辖于"超我"，要靠外在的要求支配内在力量，它需要调动相当大的心理能量来维持。所以，毅力的生成和维系都是较困难的。然而，兴趣受辖于"本我"，是带有一种自然和原始色彩的内在力量，故有强烈的冲动性以及亟待满足的驱动性。因而，兴趣对于完成一项工作比毅力有着更大的爆发力和推动作用。兴趣正因其源头是人的内部心理需求，所以断了源就没有能量了，而毅力因源头是人们的外在的心理需求，可不断从外部输入能量，因此毅力比兴趣的持续性更强。这也是人们会重毅力而忽略兴趣的主要原因。但是，值得我们注意的是，当兴趣处于持续不间断的状态时，兴趣对成功的贡献要远远超过毅力。因为毅力是"苦在其中"，兴趣是"乐在其中"。因此，在运动教学中，在培养学生毅力的同时,要注重培养学生的学习兴趣。

(三)运动教学育人的方法

运动教学的育人法是在教学过程中,教练员潜移默化地把教技术和育人有机结合起来的育人方法。其特点是把授技和育人结合起来,即把运动技术教学作为育人的载体。运动教学的育人法主要有以下两种。

1.讨论法

教学课后,师生通过讨论有关教学中遇到的问题,让学生充分发表自己的意见,培养其民主意识。这样真正把教技术和育人结合起来,以此克服以往"空洞"的政治说教的不足。运用讨论法时需注意以下两点。

首先,在讨论前,教师应有准备,要积极引导学生发表个人意见,同时也应正确对待他人的不同意见,使讨论能够在民主和谐的气氛中进行,从而培养师生的民主意识。

其次,在讨论后教师要有小结,要肯定正确的意见,使以后的讨论能够在和谐的氛围中进行。

2.互助法

互助法是教师主动为学生设计的,通过他们之间相互帮助才能完成动作的学习方法。其方法既有利于纠正错误动作和完成高难度动作,又有利于培养学生团结协作的意识。运用互助法应注意以下两个问题。

第一,要把握好时机。

第二,注意安全。通过帮助保护完成高难技术动作,要十分注意从而避免伤害事故的发生。

二、运动训练育人

运动训练育人是将与运动训练有关的育人理论和措施寓于训练全过程中的竞技教育。过去,人们认为提高运动成绩是运动训练的核心,这个观点比较片面。提高运动技术水平和运动成绩是在运动训练过程中产生的现象,而真正决定二者能否提高的是从事运动的人的发展。如果人的综合素质得到了提高,那么其运动成绩才有可能得到长期、稳定的提高。

因此,在运动训练过程中,对待育人与授技应一视同仁,不能偏重一方而忽视另一方。

(一)运动训练育人的特点

运动训练中的育人既与过去的政治说教不同,也不能与德育完全等同,其有自身的特点。

1.寓教于训

运动训练的育人过程不是一个完全独立的过程,它是将做人的教育寓于运动训练整个过程之中的潜移默化的教育活动。

2.民主育人

现代运动训练绝不像过去那样把运动员视为单向接受运动刺激的客体。科学、民主的运动训练倡导教练员和运动员双向交流、坦诚相见、共同解决问题。

3.管教结合

许多高水平的教练员认为,运动队育人的主要特征是半军事化的管理和民主教育方式的结合。因为运动训练长期而艰苦,这就决定了必须采取严格的、管教结合的方式来育人。

(二)运动训练育人的内容

1.教练员的自我完善

高水平的教练员主要有两种类型。一是智能型的,如国家游泳队的教练员不但文化层次高,专业理论水平和思想境界也较高,更重要的是他们有深刻认识自己、正确认识队员以及自我完善的能力。二是体能型的,这种类型的教练员文化水准较低,但有着很强的运动技能和技战术训练指导能力。然而,因为文化程度有限,他们的自我认识、自我改造能力受到了限制。但这部分人往往在还没有完全能解放自己的前提下,就想"高超"地解放别人,这是很难的。因此,要提高运动队伍的整体水平,需努力提高教练员的文化水准和专业素质以及思想道德素质,以便其不断认识自己、改造自己、完善自己,进而对高素质的运动员进行培养。实践证明,一个高水平的教练员必须具备能力本位的意识、育苗意识、言传身教意识、创新意识四种意识。

2.运动员的自我完善

运动员自我完善的核心是在自我认识的基础上进行自我完善。自我认识包括对自身自然属性和社会属性的认识。人虽然是自然界大家族的成员，但遗憾的是，近代人类误用理性，盲目地运用科学技术改造自然、破坏自然，去满足自己无限制的物欲。结果，由于环境污染、生态平衡的破坏等，人类自身也遭到了破坏。于是，现代人开始限制向自然索取资源和破坏自然的速度，以求社会沿着健康、持续、稳定的"绿色之路"发展。

运动员对自身社会属性的认识，主要是指他们要充分认识人的本质是一切社会关系的总和。具体来说，人是自然与社会、心理与文化的统一。运动员不是生存在真空中或独立于运动场中的"特殊公民"，而是生活在社会群体中的个体。人类通过"文化"体现了自身的本质，与动物有了区别。因此，生活在社会群体中的个体必须通过文化改变人，并以各种措施对各种人际关系进行协调，以促进个体和整体生存和发展环境的优化。这是决定运动员发展的一个重要环节。

第三节　我国高校体育竞技人才培养模式构建

一、高校竞技体育人才培养新模式构建的指导思想

（一）以人为本

培养优秀的体育人才，以人为本是根本保障，它与目前我国高校发展的科学化走向以及学生运动员发展的主体化和个性化趋势是相符的。只有坚持以人为本的科学发展观，从培养理念、培养目标和培养途径全方位实现创新，高校的体育人才培养才能取得良好的效果。培养我国高校竞技体育人才，贯彻以人为本的理念，需要注意以下两点内容。

首先,要把人才的成长放在首位,彻底解决只为提升运动成绩而忽视文化教育的现象,充分挖掘优秀学生运动员的各种潜力,为运动员实现综合文化素质的协调发展和社会适应能力的最大化而努力。

其次,要做到加强实践育人,提高学生运动员思想政治教育工作的针对性和实效性,重视他们的全面发展,增强其自信心,满足其成长需要,实现人人成才的目标。

(二)人才需求多元化

随着市场经济的不断发展,社会对人才的价值期望和需求结构也发生了巨大的变化,社会各部门对人才的需求呈现多样化的趋势,这就需要人才培养模式多元化。高校单一化的人才培养目标早已不能适应社会发展的需要,与多样化的社会需求之间存在着矛盾;为适应社会对人才的多元化需求,高校必须在培养专才的同时,注重培养复合型人才。所以,我国高校竞技体育人才的培养需要多元化主体的共同参与,如体育部门、学校、企业、社区、俱乐部等主体。

(三)与时俱进

时代的发展召唤着高校要尽快将社会需要的高技能、高素质人才培养出来。我国高校竞技体育人才培养模式的教育理念应紧跟时代的发展,围绕培养对象、培养目标和培养途径这三个核心问题不断创新高技能人才培养教育理念。我国高校竞技体育人才培养模式也应与时俱进,培养出三高型竞技体育人才——"高文化、高修养、高技能"。

(四)注重运动员职业生涯发展

在运动员的一生中,运动员只是他们在某个发展阶段的身份,其退役后的去向及发展同样会影响他们的人生。但在我国高校竞技体育人才培养的现实中,更多的是将运动员获得的奖牌数作为衡量学生运动员及其培养单位是否优秀的标准。而对于学生运动员退役后的职业生涯发展并没有过多的关注,以至于他们在退役后从事其他职业的机会较少,这必会制约我国高校竞技体育人才的可持续发展。因此,高校在对学生运动员进行专业技能训练的同时,还要着眼运动员的未来,要有促进运动员长远发展的运作机制,即不断建立并完善相应的服务机制,帮助学生运动员对专业训练与文化知识学习之间的关系进行正确处理,从而将学训矛盾解决好,为运动员退役后的发展做准备。

二、高校竞技体育人才培养新模式构建的要素

(一)培养理念

高校竞技体育人才的培养理念包括以人为本理念、全面发展理念和人文、科学、创新相统一的理念。我国高校竞技体育人才培养理念包括两个层面的教育理念,即中观(培养主体)层面与微观(运动队、运动员个体)层面,这些理念也就是培养主体关于人才培养的本质特征、目标价值、职能任务和活动原则等的理性认识,及对人才培养的理想追求和所形成的各种具体的教育观念。人才培养理念旨在对高校中的竞技体育人才应该是怎样的及应该如何培养等问题予以回答。

(二)培养目标

培养目标是人才培养的标准和要求,是人才培养模式构建的核心,对人才培养活动具有调控、规范和导向作用。高校竞技体育人才的培养可朝着以下两个方向的目标发展。

1.确立全面发展的人才培养目标

衡量优秀运动员的素质及水平时,是否拥有高水平运动能力或取得出色的运动成绩并不是唯一标准,还要看其是否拥有较高的文化素质和良好的修养和人格。在我国高校竞技体育人才培养过程中,运动员除了要进行运动训练使自己拥有高水平运动技能之外,还必须同时接受文化素质教育,最终培养出的体育人才既具有高水平的运动技能,又具有良好的科学文化素质和人文素养。在运动员的就业指导上坚持"授人以渔"而非"授人以鱼",使他们能够在运动生涯结束后在其他领域发挥自己的价值,获得良好的发展。

2.确立多渠道、多样化的多元人才培养目标

在政府支持、学校领导重视的情况下,我国高校竞技体育人才培养的运作机制得以顺利实施。随着我国市场经济体制的逐步完善以及高校竞技体育的发展,必须打破较为单一的人才培养方式。近几年,"清华模式""北理工模式""南体模式"等的成功范例证实了我国高校多样化、多元化培养竞技体育人才的可行性。我国广泛开展社区体育活动为体育运动的普及打下了良好的基础,同时也为高校运动员的发展提供了优质的"土壤"。因此,我国应采用多种渠道,综合高校、企业、俱乐部、社区等多种机构的优势资源来培养高校竞技体育人才。

(三)培养过程

培养过程是践行培养理念的重要组成部分,是实现培养目标的过程,是为实现一定的人才培养目标而实施的一系列人才培养活动的过程。具体来说,培养过程就是培养方式与培养措施的有机结合。高校竞技体育人才的培养过程是为实现竞技体育人才培养目标、按照一定的竞技体育人才培养规律和培养要求而制订的一系列人才培养规划和计划,以及采取的一系列途径、方法手段的总称,是对培养方案的具体实践。各个高校应在培养人才的过程中遵循以人为本和全面发展的总体原则,从高校培养竞技体育人才的现实情况出发,将多渠道、多方面的力量调动起来做好高校基地多元化培养工作。

(四)培养制度

制度即人们要一同遵守的规章或准则。人才培养之所以能够持续长久,其原因就是相关规章制度可以规范人才培养的活动,只有将人才培养制度化,人才培养模式才能够形成和发展。高校基地多元化培养模式要想长期稳定地发展并在实践中持续发挥作用,就必须制定相应的培养制度,具体如下:

(1)从宏观、中观、微观等角度完善体育竞赛体制,落实高校竞赛制度。

(2)制定教练员定期培训政策。

(3)设立高校高水平体育人才奖学金制度等。

(五)评价机制

在高校竞技体育人才培养的整个过程中都贯穿着评价机制的环节,它通过收集人才培养过程中各方面的信息,运用评价技术,依据一定的标准对人才培养的质量与效益,做出客观衡量和科学判断,并严格监控培养目标、培养制度、培养过程,以便及时做出调节。

对高校竞技体育人才培养质量进行评价,可以从校内和校外两个方面进行,校内评价侧重于高校人才培养目标的实现程度,校外评价(社会评价)侧重于人才培养是否与社会发展大环境的需要相符。在人才培养评价过程中,要将二者有机结合起来,通过社会评价使学校评价中的不足得到弥补。高校基地多元化人才的培养是一项系统工程,要充分发挥学校内部的教育评价机制以及社会评估的合力作用,要通过改革教育评价机制和建立社会评估制度,加强科学督导,保证多元化人才的培养质量。

三、高校竞技体育人才培养新模式的理论模型构建

(一)我国高校竞技体育人才培养新模式的提出

总体上来说,目前我国高校竞技体育人才培养还处在"各自为政、各为其事"的阶段,各高校对高水平运动队的投入及相关政策存在较大的差异,而且比较随意,缺乏长远的、切实可行的统一法律法规来保障高校高水平体育人才培养工作的规范与落实。在实践中,我国高校竞技体育人才培养模式多种多样,究其原因在于各高校所拥有的资源不同、具体操作也表现各异。同时各高校由于受财力、重视程度等诸多因素的影响,一些高校缺乏对运动队相关人员的合理奖惩体制与机制,因此无法充分调动学生运动员和教练员的训练积极性,高校竞技体育人才培养之路任重道远。

我国培养竞技体育人才基本上依赖体育系统。但当前我国竞技体育的发展理念和模式发生了转变,教育资源和以职业体育俱乐部为主的其

他社会体育资源使社会高度关注竞技体育的发展,这积极推动了竞技体育人才的培养,也是高校提出竞技体育人才多元化培养模式的现实基础。现阶段,高校竞技体育人才培养模式已经从过去由体育资源独家包办的单一发展格局,逐步转变为由以教育资源为主,体育资源为辅,企业、俱乐部以及其他体育社会团体多家参与的多元化格局,即高校基地多元化培养模式。该模式具有以下特征。

首先,强调学校教育对于高校竞技体育人才培养的关键作用,创新人才培养模式,使学校在培养体育人才过程中起主要作用,充分利用好学校资源,进行科学的训练,不断提高训练水平,同时加强文化教育的力度,以促进高校培养高质量的竞技体育人才。

其次,在有关企业和职业体育俱乐部中加强对竞技体育人才培养的投入力度,并发挥其对学生运动员未来职业转化的启蒙作用。

最后,结合、整合各方面的资源,达到双赢、共赢乃至多赢的目标。

(二)高校基地多元化培养模式的构建

高校基地多元化培养模式是有关学者在现阶段关于高校培养高水平竞技体育人才的理论创新,它是在结合"体教结合模式""一条龙模式""校企结合模式"等模式的特点,并将各方面资源因素综合起来的基础上而建立的,是新形势下培养全面发展的竞技体育人才的新尝试。高校基地多元化培养模式是以高校为基地,横向可与体育系统、社会企事业单位等合作,纵向可与中小学衔接(纵向向上还可延伸到研究生教育阶段),是一种全方位、全系统培养高文化、高修养(素质)、高技能的竞技体育人才的新模式。

1.高校基地多元化培养模式构建的主要要素

(1)培养理念

该模式以高校这一教育资源为根本基地培养竞技体育人才,结合多个体育相关部门,整合社会上有利于培养竞技体育人才的各种资源,一切为运动员全面长期发展的利益着想,培养出符合时代发展的新型竞技体育人才。

（2）培养目标

该模式旨在使运动员既具备高水平的竞技体育水平又要有基本的高等教育文化知识素养，以高校教育资源为主体，综合社会上可以利用的相关体育资源、社会资源、市场资源等，培养多样化发展的竞技体育人才。

（3）培养过程

在该模式中，由于国家政策的引导，普通高等院校开设学生需要普及学习的文化课程，体育俱乐部等体育系统部门为运动员提供科学的训练计划并加以合理的、系统的训练，此外，企业等社会资源为学生运动员参加比赛提供一定的经费保障，全面营造有助于学生运动员成长和发展的学习、训练环境。

（4）培养制度

该模式采用多元化方式，综合现阶段施行的有借鉴价值的多种培养模式完善相关培养体制与机制，以不断促进我国高校体育事业可持续健康发展。

2.高校基地多元化培养模式的结构分析

从具体构成方面来说，高校基地模式可以简化为"1＋X"模式。下面主要从中（宏）观层次与微观层次上解析这一模式。

（1）中（宏）观层次

从中（宏）观层次上讲，"1"是指高校，全面发展的竞技体育人才的培养离不开具有浓厚文化学习氛围的高校，除了要提升运动技能，文化水平的提高也必不可少；"X"是指有助于竞技体育水平提高的众多体育资源和社会资源，包括体育部门、企业、俱乐部、社区等，这些组织与高校的合作可以弥补高校在体育设施、训练、经费等方面的不足，用以培养全面发展的竞技体育人才。

（2）微观层次面

从微观层次面来讲，"1"是指运动员的文化专业，第一身份作为大学生，必须学好文化课。作为全面发展的综合型体育人才，高校竞技体育人才不仅要具备相应的竞技水平，更应注重文化素质水平的提高，以防止出现运动员退役后就业困难和社会地位较低的情况；"X"是指运动员的体育专项技能、素质和素养。作为高校的一名学生,其第二身份是运动员,竞技体育水平代表其作为运动员的基本能力,在自己的体育专项中,保持较高层次的运动水平是基础,同时还必须具备一定的品质、教养和个人修养,即实现"三高型"人才培养目标。

高校基地多元化模式是一种以学校培养为中心的多渠道的人才培养模式。在这种多元化的模式中,学校培养、体育部门培养、企业培养、俱乐部培养以及社区培养模式相互补充、相辅相成、相互联系。

第四节 学校竞技体育与校园体育文化在多层面上的互动发展

一、学校竞技体育与校园体育文化在物质层面上的互动发展

(一)学校竞技体育的开展促进了校园体育物质文化的发展

1.体育场馆增加了校园体育文化的物质基础

体育场馆设施是学校竞技体育开展的基本保障,没有良好的体育场馆设施,竞技体育活动很难开展。现代运动训练实践表明,先进的训练设施、完善的器械设备、专项化的训练手段是现代运动训练所必需的,同时也是获取训练效果、保证运动成绩的一个必备条件。因此,学校开展竞技体育首先要考虑训练及竞赛所需的体育场馆设施能否得到良好的供应。

学校体育的发展现状直接从该校的体育设施建设状况中反映出来。近年来各级学校注重建设体育馆,体育馆的建设需要财力支持,体育馆的增加说明学校非常重视校园体育的发展。体育场馆一方面可以满足学校体育教学的需要,另一方面能够满足学校体育竞赛发展的需要,同时也是学校树立品牌、提高竞争力的需要。

2.竞技体育的赛场象征性文化促进了校园体育文化的丰富

有这样一种文化现象,它们介于物质文化和非物质文化之间,但无法

将其准确归纳入其中一种中去,如某些团体和旗帜、徽标、口号,某些具有暗示、纪念、象征意义的建筑、工艺及手工制品等,我们将这类文化称为象征性文化。一所学校的体育象征性文化体现着其整体的体育运动形象,这种文化包括我们所能看到的队旗、徽章、吉祥物、代表色等,还包含了代表队所拥有的昵称、队歌、赛场口号等。学校竞技体育的发展要想创造出自己的品牌,彰显校园体育文化的特色,就必须注重以品牌文化作为自身发展的理念,在旗帜、吉祥物等设计方面体现出大学生团结协作、积极进取、敢于创新的精神风貌。

(二)校园体育物质文化为开展学校竞技体育营造氛围

学生的个人心理和行为是由其所生活的环境决定的,处在外部环境中的事物如果不能够引起个人的注意并且加以相互作用,那它就不能对学生的个人心理和行为产生影响,如果外部环境中的事物一旦被注意并且与个人发生相互作用,那么就会形成个人的生活空间,并且影响个人的心理行为。作为校园中的个体,学生对校园生活环境必然会有所需求,通常学生的这种心理需求有基础类和高级类两种类型。基础的心理活动包括感知觉、记忆、认知、判断等,高级的心理活动主要包括个人的心境、情绪、意志以及审美等。

在学校各种设施中,图书馆和体育馆一般来说是学生利用率最高的设施,由此我们可以看出学校体育场馆大大影响了学生的个人行为。通常学生对于体育场馆最直接的印象就是外观形状,调查发现,大部分学生认为学校的体育场馆较普通,没有给其留下太大的印象,只有少数学生认为本校体育场馆有创意。这说明学校在体育场馆设计方面存在不足,缺乏有创意的场馆,不能够吸引学生的目光。

体育场馆周围的"拼瓷"运动墙画,竖立在校园里的体育名人雕塑,以及让学生及时了解体育竞赛等信息的海报、宣传栏、电子屏等,这些体育设施不管在其自身内容还是由此延伸出的文化内涵方面,都可以对学生思想、心理和行为产生一定的影响,具有良好的教育、熏陶和启迪作用。

二、学校竞技体育与校园体育文化在精神层面上的互动发展

(一)学校竞技体育对校园体育精神文化的影响

文化主要分物质文化、精神文化和制度文化三个层次。在这三个层次当中,精神文化是核心,以价值为灵魂,而一个人的价值观又是其行为的出发点,行为同样也是价值观的外在体现。由此我们得出,决定人的行为的不是物质文化,也不是制度文化,而是精神文化。

1.竞技体育的精神价值

学校竞技体育对于学生的教育主要表现在爱国主义、集体主义、体育精神的传播以及学校精神的宣传四个方面,学生对竞技体育的认识水平越高,就越能够为竞技体育活动的开展奠定良好的基础。

在观看大型比赛时,首先会演奏国歌,升国旗,这对于运动员和观众来说都是一次良好的爱国主义教育。学生运动员在这种环境下受到的教育意义会更大,尤其是当他们走向世界,在异国他乡的领奖台上奏响国歌时,荣誉感与使命感油然而生,培养了学生运动员为国争光的精神,这种精神也会慢慢转移到普通学生身上,他们也为这种体育精神而感到振奋。这种体育精神成为学生不断前进的动力。

2.竞技体育的开展效应

奥林匹克运动中"更快、更高、更强、更团结"的格言是运动员体育生涯中不灭的意志,它时刻激励运动员奋发向上、敢于超越,不断追求更高的目标,不断克服艰难险阻,用辛勤的汗水去获取一次次的超越。而这种精神同样时刻熏陶着周围的每个人,给人以不抛弃、不放弃的人生启迪。奥林匹克精神是一种相互理解、友谊、团结、公平竞争的精神。学校开展竞技体育对于学生树立和培养健全的人格有重要的作用,学生通过观看高校竞技比赛,用心体会赛场上运动员所体现出的体育精神,不仅能够激发体育兴趣,促进人际交流,还能够使其树立新的体育态度,改变其精神面貌,使其心理素质水平不断提高和完善。

(二)校园体育精神文化对学校竞技体育的影响

校园体育精神文化的形成需要经过长时间的酝酿,是在各种条件都具备的情况下慢慢形成的,而且一旦形成将潜移默化地影响校园的各种事物。精神和思想是人的行为的根本出发点,它的好与不好将直接影响人这个主体的行为结果。如果校园体育精神文化有良好的建设和发展,那么就说明作为校园主体的人在体育情感、体育观念、体育思想等方面有良好的发展,而且这种精神的直接体现就表现在校园人的行为方面,这所学校的校园体育活动也会有良好的开展。

校园体育精神直接影响校园人的体育价值观、体育思想、体育行为,校园是社会各种人才的聚集地,校园体育能够帮助他们树立正确的体育价值观,尤其是学校的领导,他们的思想及观念将直接对学校体育的发展起到主导作用。校园体育精神文化的形成可以使学校领导对学校体育的发展更加重视,学校竞技体育作为校园体育的重要组成部分必定会受到重视,而且学校竞技体育作为学校体育发展的排头兵,可直接推动整个学校的发展。学校竞技体育的良好发展可以为学校获得荣誉,为学校发展起到积极的推广作用,而且还可以形成自身的校园特色,为学生的学习生活增色添彩。

三、学校竞技体育与校园体育文化在制度、行为层面的互动发展

(一)学校竞技体育与校园体育制度文化

建立健全校园体育制度非常重要。一方面,它所面对的大都是尚未进入社会的在校学生,一个健全的规章制度可以有效约束学生的个人行为,使其养成规范的习惯,并且对他们的情感、智力、人生观、价值观等起到很好的指导作用;另一方面,完善校园体育制度文化,可以使学校的各项体育工作更加具有计划性、合理性,处理和解决问题时能够有规可依,同时可以避免因过分盲目而造成工作效率低下的情况。

我国各高校基本遵守国家下发的成文规章制度,但是有些高校没有根据自身发展现状制定适合自身发展的制度,以确保高校各种体育竞赛工作的有序进行。因此,学校应不断完善校园体育制度,使校园体育向着规范化、制度化的方向发展与进步。

(二)学校竞技体育与校园体育行为文化

学校竞技体育通过各种赛事从各方面对校园体育文化的行为产生影响,赛事影响力、运动员的榜样性等都会从不同的细微方面影响校园体育行为。学校的高水平运动员代表着学校竞技体育的水平,他们通过自身的行为不断传递和推广学校竞技体育的功能,对校园体育的行为产生直接作用。高水平运动员通过与校园内各个不同群体之间的交流,可以改变一些人的体育观念、提高他们自身的技术水平,使更多的人群参与体育活动中来,从而对周围人群产生行为上的影响。

四、学校竞技体育与校园体育文化的整体性协调发展

学校竞技体育是校园体育的重要组成部分,竞技体育的发展能够促进独具特色的校园体育文化的形成,促进校园体育文化的发展。

(一)学校竞技体育对校园体育文化建设的积极影响

围绕学校竞技体育的开展,可通过以下三个方面对校园体育文化建设产生积极影响。

学校竞技体育是我国竞技体育未来发展的一个重要趋势,竞技体育能在学校中开展,首先就得具备相应的物质条件,这是基础保障,而体育场馆则是这些基础条件中的首要条件。在学校内修建体育场馆设施不仅能够使高水平训练的需要得到满足,而且有利于促进体育教学、体育科研以及课余体育活动的发展,极大地丰富校园体育物质基础,美化校园体育环境。

学校竞技体育的开展必须有相关的规章制度,如运动队从招生、训练

到比赛还有教练员的管理等都有相应的制度,这些规章制度对建设和完善校园体育制度文化具有重要的意义。

学校竞技体育与学校的一般课余体育不同,它具有学校一般体育所缺少的特性。竞技体育的竞争性很强,在比赛的过程中运动员所表现出来的团结协作、永不放弃精神,深深地感染身边的观众,使他们养成正确的人生观、价值观,并且在校园内也会形成良好的体育文化氛围。

(二)校园体育文化建设对学校竞技体育发展的积极影响

校园体育文化包含物质文化、精神文化和制度文化,校园体育文化的建设主要从这三个方面展开,在建设过程中,它的各个方面都会相应地影响学校竞技体育的发展。

学校体育场馆、设施、体育标识是校园体育物质文化的重要内容,它的发展会对学校竞技体育产生直接影响。其中,体育场馆的构建受到学校的高度重视,从外观设计到其综合利用价值都会考虑在内,有些学校的场馆建筑已经成为师生津津乐道的标志性建筑物。所有这些物质基础的建设为学校竞技体育的开展提供了基本的物质保障。

校园体育制度是校内各种体育行为和体育事务实施和开展的基本准则。相关的体育制度能够对校园内的各种主体行为进行规范和约束,保障各项体育事务有序进行。学校竞技体育的开展离不开这些体育规章制度,运动员招生、教练员聘用、训练竞赛奖惩等都需要参考相应的规章制度,所以校园体育制度文化的建设与完善有力保障了竞技体育在学校的开展。

校园体育精神文化是整个校园文化的核心部分,它的形成需要一个漫长过程,而且一旦形成将会长期存在。校园体育精神以体育价值观为灵魂,而体育行为是体育价值观最直接的表现形式。良好的体育精神能够使学生不断受到激励,敢于拼搏,从而培养其团结协作的精神,这对竞技比赛产生了很好的导向作用。

第六章

校园体育艺术文化建设研究

在校园体育文化体系中,体育艺术文化是非常重要的组成部分,建设体育艺术文化有利于培养学生的审美观、体育情感,使学生视野开阔,形成健康的体育审美观,进而提高学生的体育素养。本章主要就校园体育艺术文化的建设进行研究,主要内容包括校园体育文化与艺术元素的融合,体育艺术教育与校园文化的互动关系与互动模式以及高校体育艺术类课程体系的构建与实施。

第一节 校园体育文化与艺术元素的融合

一、校园体育文化与艺术元素的关系

(一)关于体育与艺术关系的探讨

随着社会的进步,体育与艺术之间的关系受到了体育专家与学者的普遍关注,目前关于这方面的观点主要有以下三种。

1. 体育与艺术相联系但不能融合

一些学者认为,体育与艺术存在着密切联系,但二者不能相互融合。随着体育的现代化发展,人们的审美意识不断增强,体育也借助艺术来丰富自己的内涵,强化自己的功能,美化自己的形式,从而有了更大的魅力。但是,艺术无法渗入体育,体育不能艺术化,体育就是体育,艺术还是艺术。因为体育以身体运动为媒介和手段,增强人的体质是体育的基本目

标,也是体育的主要任务和重中之重的功能。艺术则是通过塑造形象具体地反映社会生活.满足人们精神需求的意识形态。

2.体育与艺术广泛融合

另一些学者认为,体育与艺术广泛融合。随着现代技术的快速发展,体育和艺术在各自的发展中相互靠近、接近,直至相互汇合,形成了体育与艺术相互渗透的广大领域。体育文化和艺术文化都是社会文化的重要组成部分,因二者目的指向不同而成为两种不同性质的类型,如今随着社会的发展,二者有了相互融合的趋势。

3.体育与艺术既有联系又有区别

还有一些学者认为,体育与艺术既有联系又有区别。体育运动是以人的身体为媒介、运动为手段,以增强体质、发展身体形态、陶冶情操为目的。而艺术是以物质材料为媒介,以抽象、概括社会生活为手段,以表达思想情感、满足审美需要为目的。从所要达到的目的来看,二者之间有"审美与娱乐"的共同点,它们是教育的组成部分。从体育与艺术相互渗透的结果来看,将出现体育艺术和艺术体育两个新型的门类。从广义上来说,体育就是艺术,而艺术是体育运动的组成部分。但从运用的物质材料及手段来看,二者在根本上就有不同。

(二)校园体育文化与艺术元素关系的表现

综观上述三种代表性观点,笔者认为,体育与艺术存在必然的联系。如此来看,校园体育文化与体育领域中艺术元素也存在必然的联系。主要表现在以下三个方面。

1.校园体育运动本身的艺术性。

2.校园体育场馆、体育雕塑、体育文学、体育舞蹈、体育绘画、体育摄影、体育音乐、体育设施等的艺术性。

3.校园体育运动在各类艺术中的再现。

艺术元素与体育的融合丰富了校园体育文化的内涵和学生生活文化的水平,拓展了体育科学研究的领域。因此,在校园体育文化体系中,艺术元素也是非常重要的组成部分。

二、校园体育文化与艺术元素融合的特征

(一)欣赏体育的艺术,体会艺术的体育特征

艺术的体育可以对学生的审美观、体育情感进行培养,使学生开阔视野,形成健康的体育审美观。

(二)与学校办学理念融合的教育性特征

将艺术元素植入校园体育文化中,如奥运雕塑艺术《走向世界》《掷铁饼者》《奥林匹克》《奥林匹克之门》《千钧一箭》《奥林匹克激情》《胜利的欢呼》;奥运文学艺术《奥林匹克颂诗》《奥运会之歌》《体育颂》《奥运竞技》《走向奥运会之神》《众神的赞美》等。奥林匹克精神就是相互了解、友谊、团结和公平竞争的精神,这与学校的办学理念是相一致的。

(三)服务于广大师生健身的特征

校园体育文化建设的主体是广大师生,同时师生也是最受影响的群体。广大师生是校园体育文化发展的原动力,校园体育文化与艺术元素融合是为了满足广大师生的健身需求。因此,在建设体育场馆时,应突出设施的典雅大方,造型、色彩要符合学校整体风格,调动高校师生参与体育运动的积极性,为体育文化大范围传播储备优秀人才,营造良好的校园氛围,大大增强校园活力,推动高校体育文化常态建设。

(四)有管理体制正能量保障的特征

从校级、院级(系级)、班级,层层抓落实,形成全校上下齐抓共管的管理体制,推动学校体育工作有序进行,为促进学生全面发展发挥正能量。

（五）高素质人才"操盘"的特征

体育教师承担着文化教学、科学研究、课外活动辅导和学生社团指导等工作任务，他们是校园体育文化建设的主力军。体育教师在建设校园精神文明和培养高素质人才方面发挥着重要的作用。

（六）创新发展的竞技性特征

在校园体育文化建设中，可开展健美操、花样滑冰、艺术体操、竞技体操、花样游泳、跳水、体育舞蹈等流行时尚和充满青春活力的艺术多元化运动项目，这些艺术多元化运动项目给校园体育文化注入了时代气息。

三、校园体育文化与艺术元素融合的原则

（一）以人为本

师生是校园体育文化建设的主体，因此建设中必须以师生为本，从师生实际出发，满足师生所需，促进他们参加健身活动。

（二）体育精神融入育人体系

体育精神在学生中发扬光大，既体现着一个民族拼搏进取的精神风貌，又能够培养学生不怕困难、团结协作、积极进取的精神，同时也能够促进学生人格的健全。

（三）因地制宜

一切从实际出发，具体情况具体分析，依照学校的地形、地貌、山体、水势等自然条件规划、建设和改造校园体育环境，使师生在优美的环境中健身与学习。

(四)弘扬主旋律,注重多元化

主旋律就是在学校大力推进师生全民健身活动,以增强体质为中心任务。开展的形式多样化,开展的项目多元化。

(五)传承与创新结合,渐进发展

校园体育文化建设是一个循序渐进的过程,校园体育文化的发展是不同时期所产生的必然变化。我们继承与传承体育文化中的优秀部分,并加以创新,增添新的富有活力和创造力的元素,可推动校园体育文化创新。

四、校园体育文化与艺术元素融合的主要内容

(一)体育理念与"健康第一"观念的植入

体育理念是在体育价值观的基础上,对体育理论化、系统化、综合化的认识。在现代体育发展中,体育理念的导向和规范作用非常重要,是一种内在的驱动力。早在 20 世纪末,我国就提出了"学校教育要树立健康第一的指导思想"。

(二)体育设施优化与体育环境美化的植入

在体育场馆、体育场地、体育器材等硬件设施的建设中以及在改造校园自然环境中,我们应从长远考虑,用科学可持续发展的眼光规划设计,建设多用途、多功能一体化的体育场馆。在体育活动场所建造体育雕塑艺术,可让形态各异、主题鲜明的体育场馆、体育场地、体育器材有一定的艺术品位。

(三)体育教育人本化、体育制度人性化与激励机制,多样化的植入

体育教育人本化是把培养学生的健康意识、终身锻炼意识、全民健身意识及与人交往合作意识作为重点,充分照顾到学生的兴趣爱好,满足学

生的需求,重视学生的主体地位,关注学生的个体差异,确保人人享受体育锻炼的乐趣。

体育制度人性化能激励、凝聚和调动师生参与体育活动的积极性,发挥他们在体育教学、课外体育活动和运动训练及体育科研中的主观能动性。体育制度具有体育运动规则、体育管理制度、体育运行模式三个层面的含义。

激励机制多样化主要是指语言的激励、动作的激励、情感的激励、氛围的激励、情景的激励、榜样的激励、目标的激励、成功的激励、关怀的激励、竞争的激励、人性的激励、测试的激励以及体验的激励等。

(四)体育道德与风气的植入

体育道德是体育活动参加者共同遵守的行为规范,是在体育活动中调整和制约人们相互关系的行为准则。在体育活动中,锻炼人的意志品质,应从以下三方面进行。

首先,锻炼人对事物的判断能力,提出明确而客观的目标。

其次,找到好的实现目标的锻炼手段。

最后,克服心理与体力的障碍去实现目标。

通过以上几个方面,最终形成"学校有特色、院系有比赛、班级有活动、人人有项目"的校园体育运动氛围的良好风气。

(五)体育课程精品化与体育俱乐部规模化的植入

体育课程精品化必须坚持以学生为本,以满足学生自主选课、选师、选时的需要为基本出发点,以培养学生健康成长为根本目标。体育俱乐部规模化是指设计艺术体育课程的理论与实践教学,以"知识、能力、素质"型人才为培养目标,着重培养学生的健康意识,人文素养以及科学的自我健康管理习惯,使学生得到全面发展与提高。

（六）信息交流网络化与宣传方式多元化的植入

网络正以多元的方式和飞快的速度改变着人们的生活，成为师生活动的重要内容，它具有打破时空限制，扩大传播范围，提高时效的特点，要充分利用它的特点优势，建立一系列体育网络平台，为广大师生服务。同时，还要利用校园中的海报张贴及黑板报、窗刊、校报、标语、廊画、雕塑等对体育文化进行多元化宣传。

（七）高水平运动队品牌化与群体竞赛日常化的植入

普通高校竞技体育品牌的主要载体是普通高校某一传统优势体育项目的高水平运动队。普通高校竞技体育品牌是以学校某个具有代表性的竞技体育项目为基础，它以其独特的个性和强大的实力，受到社会的广泛认可，已成为促进高校综合实力发展和知名度提升的实体。高校办高水平运动队对于丰富校园文化生活，提高学校知名度，带动学校体育的发展等方面具有重要的作用。以高水平运动队拉动学校群众体育运动的普及与提高，形成"人人关注、人人参与、人人受益"的日常化校园体育育人氛围，能够促进学校体育事业的发展，提高校园体育文化的向心力和凝聚力。

第二节　体育艺术教育与校园文化的
互动关系及互动模式

一、体育艺术教育与校园文化的互动关系

校园文化是指以学生为主体、以课外文化活动为主要内容、以校园为主要空间、以校园精神为主要特征的一种群体文化。虽然体育艺术教育

是从属于社会文化系统中的一个子系统,但它并非直接存在于社会文化之中,而是依托于校园文化而存在的。体育艺术教育存在于校园文化之中,校园文化又处于社会文化之中,是社会文化的反映,也是体育艺术教育与社会文化之间的媒介。校园文化往往通过各种途径和方式接受社会上各种各样的思想、理论、观念、思潮,并在校园内汇聚和碰撞,把社会文化内化到自身的内容之中,在校园这个大环境中,又通过一系列校园文化活动将社会文化的要求和价值取向传递到体育艺术教育中。

体育艺术教育要通过校园文化这个媒介,用一系列互动向社会文化进行信息反馈,并对一些新兴文化现象进行传播。校园文化环境和氛围对于实现学校教育目标,改变校园生存群体的生活方式、学习方式以及习惯的养成都具有重要的作用。而学校体育艺术教育和学校的办学理念、培养目标、校风校纪、生活方式等内容紧密相关。

(一)体育艺术教育与校园文化的部分功能相仿

校园文化活动丰富多彩,可以使广大学生求知、探索、社交、友谊、娱乐等需求得到满足,从而获得丰富的情绪体验,在实践中锻炼辨别力、鉴赏力,进而陶冶人格和灵魂,以充实生命,升华人生。在校园里,体育墙画、体育项目的标志和健将的雕塑随处可见,构建了浓厚的校园体育文化氛围。这不仅丰富了体育的内容与作用,同时也为艺术提供了丰富的创作题材与源泉。而体育艺术教育是健康高雅的体育活动,如艺术体操、健美操、形体舞蹈、体育舞蹈、花样滑冰、大型团体操等项目以强烈的观赏性和艺术魅力吸引人们的审美情趣,满足人们的审美需求,领引着人们的生命实践向超越现实、摆脱物欲、享受生命、美化人生的境界迈进。在练习过程中,有利于对学生勇敢顽强、坚毅果断、不畏艰难、不屈不挠的意志品质进行培养,实现精湛的技巧与身体美、精神美的交相辉映,能将学生多样的审美要求激发出来,促进广大学生审美能力的不断提高,在潜移默化中使学生树立正确的审美观,增强学生的自我调控能力,使其开阔视野和思维,心灵更加纯洁,精神更加高尚。

(二)体育艺术教育是校园文化的内核

体育艺术教育是校园文化的内核,校园文化是体育艺术教育的外延。从本质上讲,校园文化的总体功能是育人,表现在教育学生树立正确观念、增加知识和技能、培养能力、陶冶情操、提高综合素质等方面。作为学校教育的一部分,体育艺术教育包含了三个层次的内容,分别是体育艺术知识、体育艺术技能和体育艺术精神。

学校教育是学生逐步社会化的重要过程,要促进学生思想和人格的成熟,不仅要让他们从课堂上和书本里学到一些间接经验,更要从校园风气和文化氛围中提高基本素养和思维方式,对其创新精神和实践能力进行培养。丰富多彩的校园文化生活可以从不同侧面、不同层次为学生提供更多的学习条件和机会来接受体育艺术教育,并为他们提供展示、锻炼、表现、提高自我的舞台和实践的机会,提高艺术素养,所以说校园文化又是体育艺术教育的外延。

(三)校园文化对体育艺术教育具有导向作用

体育艺术教育存在于校园文化大环境中,二者都是以师生为主体、以校园为空间、以体现和追求价值观为共同目的。作为时代的产物,文化必然在一定程度上反映时代的特征,校园文化同样如此。处于社会文化之中的校园文化往往通过各种途径和方式把社会文化纳入自身内容之中,反映着社会文化,也是体育艺术教育与社会文化的媒介,向体育艺术教育传递着社会文化的要求和价值取向。校园文化对体育艺术教育的发展具有制约作用和导向作用,是体育艺术教育的领导文化和指南针。然而,现代学校教育的发展正处在文化接受的开放性阶段,各种思想、理论、观念、思潮在学校汇聚和碰撞,并对体育艺术教育产生了影响。纷繁复杂的文化思潮中也可能存在一些消极、有害、错误的异质文化,不利于校园文化和体育艺术教育的发展。

作为校园文化的内在组成部分,体育艺术教育对校园文化具有一定的反作用,在一定程度上可以通过某些教育现象和问题向校园文化反馈信息,促使校园文化对社会文化进行有目的的评价、比较和选择,对体育艺术教育进行更优质的引导。所以,体育艺术教育又对校园文化具有反馈作用。

(四)体育艺术教育和校园文化相互推动

校园精神文化是校园文化建设的核心与关键。从形态上来看,可以将校园精神文化大致划分为以下三种。

1.智能型文化。主要指以增长知识、开发智力为主要目的的文化累积。

2.观念型文化。指包括价值观念、道德观念、审美观念等在内的一些观念和思想。

3.素质型文化。指由历史的积淀而形成的特有的校园风气和校园精神。

实践证明,体育艺术教育可以促进校园精神文化建设,这主要表现在以下三方面。

首先,通过课堂传授给学生体育艺术方面的知识和技能,有助于培养学生的形象思维和逻辑思维能力。

其次,通过自身的诱发作用和感染力,培养学生正确的世界观、人生观和价值观,提升审美观。

最后,通过教育和陶冶功能,促进学生综合素质的发展,培养师生的爱国主义、团结友爱和集体主义精神,形成积极向上的风气。

校园文化是体育艺术教育存在与发展的大环境,具有导向作用,校园文化的提升将会给体育艺术教育提供更广阔、丰富的外延,更正确、优质的导向,也必将推动体育艺术教育的发展。

二、体育艺术教育与校园文化的互动模式

(一)理念层面的互动

素质教育是一种以促进受教育者诸方面素质提高为根本目标的教育模式,是培养创新精神和实践能力以及促进人格全面和谐发展的教育。学生是这一教育理念的主体,它实际上是一种人本教育理念,强调人内在身心潜能的发展及外在文化知识和社会规范向个体心理品质的内化。

在素质教育的推广与实施中,体育艺术教育是一个关键的突破口,在很大程度上影响着人的全面发展,能开发学生智力,增强学生体力,挖掘学生潜能,培养学生的情感体验与形象思维、逻辑思维能力,塑造和健全学生的人格,树立正确的世界观、人生观、价值观和审美观,可以说贯穿体育艺术教育的也是一种人本理念,以人为本,教育人、改造人、完善人,体现素质教育的价值取向,以促进学生的全面发展。

从本质上来看,校园文化是指向人、塑造人的,具有教育人、陶冶人的功能。校园文化具有的理念,推崇的民主意识、平等原则、团队精神以及承认差异、尊重个性、鼓励创新、促进全面发展等价值观取向显然与素质教育"以人为本"的理念具有一致性,并在发展过程中相互联系、影响与促进。也就是说,在理念层面上,体育艺术教育与校园文化是统一的,它们都遵循以人为本,促进学生全面发展的理念,通过认同素质教育、推进素质教育来进行互动。

(二)结构层面的互动

体育艺术教育和校园文化在结构上都是以学生为主体,以教师为导向,以校园环境为主要空间,是高度一致的。校园文化的形成离不开学生,只有全体成员广泛认同并普遍接受学校的某些教育理念时,才能形成群体的行为,才能内化为个体的思想,校园文化才能逐渐形成。这个过程中,学生是主体。体育艺术教育和校园文化都强调学生的内在身心潜能

的发展以及外在的文化知识和社会规范向个体心理品质的内化,以达到增强学生身心素质,提高学生思想道德素质,完善学生人格,促进学生全面发展的目的。在接受和传播校园文化的过程中以及接受体育艺术教育的过程中,学生依旧是主体,教师的作用主要是导向。在校园文化和体育艺术教育互动中,学生是媒介,起着贯通的作用,在它们之间传递各种思想、理念、信息,并体现在自己的行为中。所以,体育艺术教育和校园文化是通过以学生为主体,以校园环境为主要空间的结构进行互动的,在这个过程中老师起导向作用。

(三)阵地层面的互动

第一课堂是体育艺术教育的主阵地和主渠道,但它不是唯一的。第二课堂是建立在有形教育与无形教育之间的,在时间与空间上更为开阔的,可以承载更为丰富多彩的教育形式和内容的教育阵地和渠道,它在体育艺术教育和校园文化建设中有不可替代的地位和作用。第二课堂是第一课堂的外延和补充,为学生提供展示的舞台和实践的机会,对提高体育艺术教育的质量和水平同样具有重要的作用。

第二课堂是校园文化建设的重要载体,反映校园文化的理念和风格,是校园文化的缩影,包括实有类活动课堂和虚拟类网络课堂。

活动课堂包括对内整合式的各类表演、竞赛活动以及体育艺术类社团等校内艺术资源开发,也包括对外拓展式的体育艺术社会实践活动等校外艺术教育资源开发。

网络课堂包括特色鲜明的体育艺术教育校园网的开辟和利用网络开展的体育艺术教育与专业教育相结合的活动,以及对网上体育艺术教育资源的综合开发。

需要注意的是,第二课堂也不是校园文化的唯一阵地,也需要第一课堂向学生传递智能型、观念型、素质型文化,为校园文化的发展提供原动力。所以,虽然体育艺术教育和校园文化的主阵地不同,但都是共同借助第一课堂和第二课堂来进行传播和互动的,并相互依托、相互渗透。

第三节　高校体育艺术类课程体系的构建与实施

一、高校体育艺术类课程体系的构建

(一)高校体育艺术类课程体系的构建原则

1.强化健康第一的导向性

促进大学生健康发展,发展高校体育教育必须坚持"健康第一"的指导思想。这充分体现了党的教育方针对高校体育的基本要求,并具有前瞻性地显示了体育学科与艺术学科交叉渗透的发展趋势。高校体育艺术类课程以促进大学生整体健康水平的提高及全面发展为目标,构建以技能、艺术、审美、认知、情感、行为等领域并行推进的课程结构,整合了多学科领域(体育、艺术、卫生保健、环境、社会等)的有关知识、促进了大学生健康意识、艺术意识和审美意识的提高。

2.拓展个性发展的时空性

随着社会的发展,大学生的生活空间变得越来越广。高校体育将不再是专指高校校园体育,它已超越了学校的空间界限,面向整个社会和市场。如今高校体育课程已经不是大学生获得体育知识、掌握运动技能的唯一来源了,信息技术的高速传播促进了大学生掌握体育信息的能力提高。因此,开放性的高校体育素质教育能够使大学生的发展更加自觉、主动。

在高校体育教育中,提高大学生的社会适应能力是一项基本任务,这就必须构建高校体育艺术类课程,拓展大学生个性发展的空间,塑造大学生高尚、积极、健康的情感世界,并且更加切合实际地培养大学生的体育能力、艺术修养和良好的心理素质。

3.提高体育学习的积极性

对高校体育艺术类课程进行构建,必须对大学生的运动兴趣和爱好予以关注。大学生的运动兴趣是促进大学生自觉、积极地进行体育锻炼的内在动力。运动兴趣和习惯是促进大学生自主学习和终身坚持锻炼的前提。无论是选择体育艺术课程教学内容还是更新教学方法,都应对大学生的运动兴趣给予高度关注,只有激发和保持大学生的运动兴趣,才能使大学生自觉积极地学习体育艺术类课程。因此,在体育艺术类课程教学中,应坚持以人为本,发挥大学生的主体性,提高大学生的学习积极性和学习潜能,这能够有效保障体育艺术类课程目标和价值的实现。

(二)高校体育艺术类课程体系构建的基本内容

高校体育艺术类课程体系构建的基本内容见表 6-1。

表 6-1　普通高校体育艺术类课程体系构建的基本内容

一级指标	二级指标
课程目标	1.运动技能目标 2.运动参与目标 3.身体健康目标 4.心理健康目标 5.社会适应目标
课程内容	1.体育艺术类项目 2.体育艺术类课程教材
课程模式	1.目标型 2.选择型 3.俱乐部型 4.以赛促教型 5.分层型 6.发现型 7.三段型
课程评价	1.评价内容 2.评价方法 3.评价主体与方式

表 6-1 中的二级指标下还可以分出若干三级指标,体育艺术类课程

的框架是在这些指标的基础上构建而成的。

(三)高校体育艺术类课程体系构建的基本框架

课程体系的设计构建离不开课程目标、课程内容、课程模式和课程评价这几个重要因素,因此构建高校体育艺术类课程体系必须结合课程体系的四大要素进行。有关学者通过调查分析我国普通高校公共体育课程及体育艺术类课程的现状,了解并掌握基本状况,并查阅大量有关教育学、体育教育学等书籍和相关文献,搜集整理大量有关高校体育课程设置、体育课程教学模式以及体育教学内容和评价方式的资料,在把握普通高校体育课程发展方向的基础上,对普通高校体育艺术类课程设计构建的基本框架进行了拟定。

二、高校体育艺术类课程体系的实施方案

(一)课程建设

课程建设作为课程体系构建中最重要的一环,在推广实施过程中至关重要。课程建设主要涉及的内容包括教学目标、教材内容、评价体系、教学组织、教学模式和方法等。构建体育艺术类课程教材,主要围绕健美操、艺术体操、健康街舞、啦啦队(操)、体育舞蹈、健身健美、校园健身舞蹈等项目进行,以专家构建为主,并在实践运用中不断完善教材体系。

教材建设的目标是能够为学校体育教育提供专业性、系统性、科学性、实用性教材,并且能够为学生健康教育提供专业服务。体育艺术类课程体系化建设是一个系统工程,是深化教学改革的配套措施,也是培养专业人才的手段,既是响应教育部学校教育方针的需要,以及新课程标准"健康第一"的宗旨和全民健身计划纲要的实施,也是各学校教育工作的需要。课程设计在内容选择上充分考虑学生不同学习阶段的特点,淡化竞技体育的色彩,提倡健身性体育项目,坚持全面发展和协调发展的原则,注重培养素质和能力,把学生培养成为全面发展并具有个性的专门人

才；既要考虑全体学生的基本需要和总体要求，又要考虑学生的差异，使每一个学生充分发展，注重个性，全面育人；它不仅注意更新内容和学习学科前沿知识，而且注重对学生创新能力的培养，并促进学生需要的满足，真正落实健康教育。

体育艺术类课程的实用性很强，对于不同的群体其定位不同，大学群体的目标定位是培养技能；中学是促进身体健康；小学是促进身体健康与娱乐。该课程体系主要包括教材、教学大纲、教学进度、试题库、多媒体教学课件、教案范本、教师培训模式及方法、师资评定考试标准及试题。

（二）师资队伍建设

普通高校体育艺术类课程构建体现了体育教育与艺术教育的高度融合。该课程项目多、内容多、类别多，开设这些课程，必须有能胜任课程教学的教师，对教师的素质提出了很高的要求。教师不但要具备各种体育艺术类动作技术的教学技能，用生动形象、简洁流畅、富于启发的语言和正确优美的示范进行教学，而且要具备多种体育艺术形式的实践操作技能和教学技能，此外还要掌握最新的艺术教育理论、方法及技能。

（三）项目宣传

为大力推广实施体育艺术类项目，必须开展宣传工作。宣传的目标是让民众了解这类项目的内容、特征、特点、表现形式、健身娱乐性等多种功能。这些新兴项目大多来自国外，引进我国的时间比较短，开展和普及还不够完善。

为了让学生尽快了解这些项目，需要通过多渠道来建立推广宣传平台，举办各类项目培训，积极打造赛事平台。体育艺术类项目本身具有娱乐性和观赏性，对大众的吸引力很强，能使赛事和项目内容逐渐深入人心，同时通过媒体宣传平台来展示，通过社区活动、节日庆典、校际交往等活动进行演出，可以大大强化宣传效果。

在学校宣传上，要设立体育艺术社团，实施可行的体育艺术知识的宣传栏目,开设体育艺术理论和技术交流讲座,并开展一系列丰富多彩的校园体育艺术文化活动,鼓励学生参与这些活动,使学生不断认识与了解体育艺术,使其体育兴趣范围更加广泛。

(四)保障措施

近年来,随着各高校不断推广体育艺术类课程,各高校领导对此十分重视。很多高校为此修改教学大纲,将体育艺术类课程纳入其中,同时还为课程的开设做后勤保障,如采取修建练习场馆、搭建学习交流平台、申报精品课程、开展专题讲座等措施,对课程予以支持和保障。高校体育艺术类课程体系的实施离不开一系列保障措施,具体表现在以下三个方面。

1.体育主管部门和教育部门的政策支持。

2.学校领导的大力认可和支持。

3.体育教师的热情参与。

第七章

校园体育文化的延伸与拓展

校园体育文化建设除了自身建设外,还需要向周围进行延伸和拓展。同校园体育产生联系的体育形式有很多,其中就有家庭体育和社区体育,本章主要就家庭体育文化与社区体育文化建设进行论述。

第一节　家庭体育与社区体育概述

一、家庭体育概述

(一)家庭体育的概念

家庭体育是一人或多人在家庭生活中自愿或者通过安排而参与的,以身体练习为基本手段,以获得基本运动知识技能、满足兴趣爱好、丰富家庭生活、进行休闲娱乐、实现强身健体和促进家庭稳定为主要目的教育过程和文化活动。

(二)家庭体育文化的特征

1. 普遍性与群众性

家庭是社会的基本单位,我国家庭本位的传统和现代生活方式的转变使得家庭体育成为人们闲暇时间的重要选择。家庭体育文化对构建我国全民健身体系具有重要的作用,它可以发挥自己独特的优势,将所有家庭成员都动员起来,家家户户都参与体育活动,这种广泛性的群众性行为是其他任何一种形式都无法比拟的。家庭体育将亲情力量与健身活动融为一体,使家庭成为体育组织形式中最适宜、最理想和最具有亲和力的体育形式之一。在当今社会,人们越来越重视健康运动,而家庭体育无疑成为一种最重要的手段和方法,最具普遍性和群众性。

2.丰富性与灵活性

家庭体育是人们日常生活中的一种活动,家庭成员可以在闲暇时间自由进行锻炼,自我欣赏,其内容休闲娱乐、丰富多彩。从早晚散步到节假日爬山、远游;从塑形、健身到体育竞技、娱乐的观赏;从球类运动到各类体育游戏;从儿童及少年的游戏到老年人的传统体育项目锻炼等无不属于家庭体育的内容,可见家庭体育文化的内容是丰富多彩的。

由于家庭体育是一种群众性体育行为,是以家庭为单位的,所以各家各户可以独立自主地举行家庭体育活动,具有很强的独立性和自主性。家庭成员可以充分利用属于自己的闲暇时间,通过积极健康的体育娱乐方式,有计划、有目的地经常性地参加家庭成员共同喜爱和擅长的体育活动项目,丰富家庭成员的生活,满足家庭成员的精神需求和社会需要。

3.自由性

家庭体育是一种比较自由的体育活动形式,这种自由首先表现在时间选择的灵活性上。家庭体育可以选择在闲暇中任何时间来进行,完全受家庭以及个人的自由支配。例如,一个家庭的体育活动既可以利用节假日休息的时间来进行,又可以在每天下班的时间安排一些比较简单、利于放松的体育活动。

4.随意性

家庭体育既可以不受场地的限制,又可以不受器材的限制,具有极大的随意性。利用任何场所(包括家庭庭院周围空地、野外等)都可以作为家庭体育活动的场所,从而弥补公共体育场地设施的不足。例如,锻炼者可以充分利用自家的庭院以及居室周围环境,因地制宜地选择家庭体育活动,这样既解决了体育锻炼场地不足的问题,又达到了健身的目的,同时促进了社区群众体育的发展,对我国全民健身具有良好的影响和作用。

5.全面性

家庭体育锻炼效果的全面性是指家庭体育拥有其他形式的运动所没

有的时间的灵活性以及内容和手段的丰富性及多样性,家庭成员可以在现有的条件下进行体育活动的锻炼,从而取得良好的锻炼和健身效果。在家庭体育文化中,家庭成员在没有压力的活动环境中,更能让自己的情感得到完全的释放,自由感、舒畅感和愉悦感等由此而产生,从而达到健身、休闲、娱乐、社会交往等目的。这不仅满足了家庭成员个体身心发展的需要,而且也可以促进家庭和睦、社区和谐以及社会的稳定发展。

6.终身性

在社会文明高度发展的今天,人们越来越意识到终身教育的重要性,教育与不断学习是伴随人的一生的,体育也同样如此,体育运动对改善人们的体质和健康具有非常重要的作用,因此形成终身家庭体育观是十分有必要的。

(三)家庭体育文化的功能

1.一般功能

家庭体育的一般功能主要包括个体功能和社会功能两个方面。

(1)个体功能

家庭体育的个体功能主要表现在强身健体,提高夫妻生活质量,促进智力发展,培养良好道德品质的方面。从事家庭体育活动可以既可以增强人的体质,奠定人的智力发展的良好物质基础,还可以在体育锻炼的过程中磨炼人的意志,有利于优良的意志品质的养成。

(2)社会功能

家庭体育能增强社会凝聚力,有助于社会物质文明与精神文明建设,能够更好地促进社会的和谐发展。

2.特殊功能

家庭体育的特殊功能表现在以下四个方面。

(1)能够形成健康的生活方式。

(2)丰富人们业余生活的内容。

(3)有利于家庭的和睦。

(4)有利于推动全民健身,促进终身体育的发展。

二、社区体育概述

(一)社区体育的概念

社区体育就是在社区中,全体社区成员作为参与主体,将社区所具有的自然环境和各类体育设施作为物质基础,以更好地满足社区成员身心健康,满足社区成员的各种体育需求,同时以促使社区成员之间的社区感情发展和巩固为目的,在对就地就近原则进行遵循的基础上所开展的区域性的群众体育活动。

(二)社区体育的分类

1. 根据活动空间进行分类

根据活动空间可将社区体育划分为庭院体育、公园体育、广场体育、公共体育场所体育和其他场所(空地、广场、江河湖畔等)体育五类。还可以将社区体育划分为室内体育和室外体育。

2. 根据参与人群进行分类

根据参与人群可将社区体育划分为婴幼儿体育、学生体育、在职人员体育、离退休人员体育、特殊人群体育和流动人口体育六类。

3. 根据参与主体的群体规模大小进行分类

根据参与主体的群体规模大小可将社区体育划分为个人体育、家庭体育、邻里(楼群、庭院或胡同)体育、微型社区(居委会)体育和基层(街道办事处)社区体育五种。社区体育既可以个人、家庭、邻里、居委会和街道为单元参与不同规模的体育活动和竞赛,又可以个人锻炼的形式在家庭、楼群(胡同)、居委会和街道范围内开展体育活动和竞赛。

4. 根据组织类型进行分类

根据组织类型可将社区体育划分为自主松散型和行政主导型两种。

晨晚练体育活动点、辅导站、社区单项(人群)体协等为自主松散型社区体育。

社区体育活动中心、社区体育俱乐部街道社区体协等为行政主导型社区体育。

5.根据活动时间进行分类

根据活动时间可将社区体育划分为日常性体育活动(晨晚练)、经常性体育活动(俱乐部活动)和节假日体育活动(节日、周末和寒暑假体育活动)三类。

6.根据消费类型进行分类

根据消费类型可将社区体育划分为福利型、便民利民型和营利型三种。

福利型社区体育主要面向老年人、儿童残疾人、社会贫困户、优抚对象等弱势人群。

便民利民型社区体育主要面向全体社区居民。

营利型社区体育主要面向中、高收入人群,面向白领人群。

(三)社区体育的构成要素

构成社区体育的要素主要有五个,分别为全体社区成员、社区体育组织、社区体育经费和体育设施、社区体育指导者和管理者以及各个具体的社区体育活动。

第二节 校园体育与家庭体育及
社区体育的关系

一、校园体育与家庭体育的关系

(一)校园体育对家庭体育的作用

1.校园体育为家庭体育奠定了良好基础

校园体育是家庭体育发展的基础。校园体育的对象是青少年学生,学校是青少年学生活动的主要场所,学生时代滞留在学校的时间最多。

学校教育发展和改革,使学校课余活动方式不断地走向多样化。学校体育课是增强学生体能的重要手段,以促进青少年学生身心发展、增强体质为目的,在体育教学中向学生传授基础知识、基本技术和基本技能,能够为学生参加家庭体育打下良好的基础。

2.校园体育为家庭体育提供了重要的物质保障

校园体育能为家庭体育的发展提供技术指导和场地设施。目前,家庭体育缺少体育器材设施,缺少专业性的业务指导,居民参与率较低。要改变现状,其中的有效途径之一是紧紧依靠学校资源,充分发挥学校体育教师的指导作用,利用好学校的体育设施,在搞好学校体育的前提下,有效利用学校的体育设施开展好家庭体育活动。

3.校园体育进一步增强了家庭体育的活力

校园体育向家庭延伸,促进了家庭体育的发展,增强了家庭体育的活力。随着改革开放的不断深入,人们的物质文化生活日益丰富多彩,体育事业蓬勃发展。体育进入了千家万户,成为人们日常生活中的一个极有社会意义的组成部分。在校学生已经形成了一定的体育意识和体育锻炼的指导能力,在家庭中能够担负起组织和指导家庭体育的责任,可以把体育课上学会的各种运动技能与家长共享,既能锻炼学生运用所学知识指导实践的能力,又能带动家庭体育的发展,增强家庭体育的活力。

(二)家庭体育对校园体育的作用

1.家庭体育为校园体育提供支持

家庭体育的良好发展是校园体育的后盾。校园体育离不开家庭的配合和支持,学生拥有健康的身心是学校和家庭的共同责任。家长对体育活动的认可程度关系着家庭体育的发展状况,关系着他们对孩子从事体育活动及专业训练的态度。家长的体育健身意识与习惯具有很强的感染力,能为青少年儿童树立良好的榜样。

2.家庭体育是校园体育的重要补充

家庭体育是校园体育有益的补充和延续,并促进校园体育的发展。学生参加家庭体育活动,能够弥补学校体育活动中存在的不足,有利于形成学校和家庭共同关心学生身心健康的格局。家庭体育悄然兴起,并迅速发展,它具有继承性、趣味性和感染力等特征,势必对校园体育的发展起到促进作用,进而成为现代生活潮流。把体育纳入家庭生活是大众生活的需求,以家庭为单位展开体育活动,既是推进全民健身计划的需要,又是实现体育生活化的要求。

二、校园体育文化与社区体育的关系

(一)校园体育对社区体育的作用

1. 能够增强社区体育的活力

社区体育中最活跃的因素就是儿童与青少年,他们活泼好动,是希望与阳光的代表。辖区学校学生积极参与社区体育,能够将新的生命力与新鲜的血液注入社区体育活动中,使社区体育的开展变得轻松欢快,促进社区体育吸引力的加强。

2. 为社区体育提供人才

社区体育的开展需要一定的指导人员与组织人员,指导人员主要负责对居民的健身锻炼进行科学指导,组织人员主要负责对体育活动进行有效的管理。但这两类人员目前在我国社区体育的建设中是比较缺乏的,而人才的缺乏直接制约了社区体育的发展。其他辖区单位可以为社区体育发展提供一些人力资源,但毕竟数量有限,水平也参差不齐。辖区学校的体育教师都是经过专业体育学习和培训的专门人才,如果将其作为社区体育的组织与指导人员,将会在很大程度上促进社区体育的发展。

体育专门人才不仅是指学校的体育教师,还包括大、中专学校体育专业和高水平运动队的学生,这类人才数量很多,能够为社区体育的发展输送充足的人才资源。在各级各类学校的学生中,体育爱好者也有不少,他们热爱体育,对学校组织的体育训练与比赛积极参与,有的还在学校体育社团中担任重要的角色,对这些学生进行专业的培训,也会使其成为促进社区体育发展的优秀人才。

（二）社区体育对校园体育的作用

1. 能够使体育教学资源得到不断拓展

社区体育活动多姿多彩,踩高跷、舞龙、舞狮、抖空竹、扭秧歌等民间传统体育活动更是丰富多样,这些项目民俗文化底蕴深厚,地方色彩浓厚,对场地与器材没有特别严格的要求,组织集体教学也比较方便,而且可操作性也很强,因此社区体育中的民族传统体育成为现阶段校园体育中的重要教学资源。

2. 能够丰富学生课余文化生活

作为社区文化的组成部分,社区体育与人们的生活十分贴近,而且参与其中会使人感到轻松自然,学生参与社区体育会得到不同于参加校园体育的感受。学生在参与社区体育文化的过程中,可以对社区的地方文化与体育文化进行积极的了解与感受,促进自己的视野不断开阔,锻炼自己的环境适应能力,这对他们以后的社会生活是大有帮助的。此外,社区中的体育设施为辖区内学校的学生提供了方便,如果学校的体育设施不足,学生就可以在社区体育中满足自己的锻炼需求。所以,社区体育能够丰富辖区学校学生的课余生活。

3. 有助于完善终身体育

终身体育在近些年已成为我国学校体育改革与发展的重要趋势之一,它包括以下两个方面的含义。

第一,终身体育是指从生命开始至生命结束始终参与体育活动,使体育成为人生中的重要内容。

第二,终身体育是指以科学的体育价值观对人生不同时期、不同生活领域的体育活动进行指导的实践过程。社区居民从生命开始到生命结束都可以参加社区体育。人们在学校能够接受系统的体育教育,步入社会之后,系统的体育教育就断了,很多人都会通过社区体育来延续自己的体育学习实践。不仅如此,社区体育与校园体育相比,有着更加多样的形式与更加丰富的内容,人们有很多选择,参与其中会有轻松欢快的感觉,所以对学生有着很强的吸引力,学生参与其中就能够对终身体育意识进行培养,使学生养成终身体育锻炼的良好习惯。

第三节 家庭体育文化建设与发展

一、家庭体育文化的建设现状

(一)整体现状

1. 家庭体育人口结构与体育设施现状

体育人口是指在一定时期、一定地域中,经常从事身体锻炼与娱乐,接受体育教育,参加运动竞赛,以及其他与体育事业有密切关系的具有统计意义的一种社会群体。体育人口是衡量一个国家社会经济发展和社会体育发展水平的重要指标。

尽管我国的体育人口数量在不断增加,但是经常参加锻炼的人数占总人口的比例还比较低,我国还有待加强对体育锻炼的宣传,促进体育人口的增加。

体育人口与个人经济收入并没有固定的关系,而是与家庭收入有关,且基本成正比关系,也就是说收入越高,体育人口就越多。在体育人口的分布上,三口或四口的核心家庭,体育人口分布最多。

随着广大人民群众对体育健身需求的日益增长,与之相应的则是体育设施的改善。近年来,我国体育场地与设施都在不断增加,社会体育指导员的规模也日益壮大,这些都说明,体育人口和体育设施的发展状况在一定程度上反映了我国家庭体育的普及情况。

2. 家庭体育的项目选择现状

家庭体育运动项目是家庭体育锻炼的主要内容,它是人们进行身体锻炼和身体娱乐的手段,并可以反映出人们运动行为的选择倾向。改革开放以来,随着社会经济的发展,在主旋律基础上的多元化文化选择,不仅影响着人们的思想观念和行为方式,同时也影响着人们的体育活动,使之在家庭运动项目的选择上呈现出传统与现代并举,健身与娱乐同行,商贸、旅游与体育联姻的新局面。

家庭体育在项目的选择上受到多方面的影响,如不同地域、不同气候、不同的民族和文化传统、不同的经济发展水平等。一般来说,南方和北方不同、少数民族与汉族不同、落后地区与发达地区不同。但是总体上来说,我国家庭体育活动内容还是相当的广泛,几乎囊括了所有的体育及休闲项目。

从具体项目的选择上来看,我国家庭体育的活动内容呈现出多样化的发展现状。乒乓球、羽毛球、网球等小球类以及田径类等是我国居民从事家庭体育活动的主要内容。这是因为乒乓球、羽毛球等小球类项目所需场地要求不高且方便,田径类的项目不需要很大的经济投资,而且不需要专用场地,既方便又实惠。

从项目性质上来看,家庭体育的主要内容也具有多样化特征,主要包括休闲与观赏活动;户外体育与娱乐活动;肌肉的力量性锻炼方法;有氧运动的耐力性锻炼方法;伸展运动的灵巧性锻炼方法;医疗体育及运动处方;营养保健与心理卫生知识;家庭健身器械等。

3. 家庭体育活动时间与空间

人们生活的时间结构主要由三部分组成,即工作时间、闲暇时间和生理必需时间。对闲暇时间的支配是对一个人的爱好、兴趣以及生活规律和生活方式等方面的反映,同时又反映了社会的物质文明与精神文明程度。

一般来说,家庭体育的活动时间都是在闲暇时间进行的,因此闲暇时间是人们参与家庭体育活动的保证。家庭体育锻炼与工作压力、生活、节奏有一定的关系。

家庭体育的活动空间主要指家庭成员进行各种体育活动时所占据的空间位置和必不可少的活动场所。体育活动的空间分为自然空间和人造空间。自然空间包括山川、江河湖海、高空等;而人造空间则主要包括家庭居室以及体育场馆设施和公园广场等。受经济条件的制约,我国公共体育设施、体育场馆占地面积相对较少。家庭成员进行体育活动主要是在自家的居室周围和体育场馆中进行。

随着我国双休日以及节假日制度的实行,家庭体育开始由人造空间走向自然空间,户外体育运动成为人们生活消遣的一种方式。高山、湖海、草原、丛林等成为人们户外运动的首选。

4.家庭体育形式

任何集体性质的活动都需要进行组织,同样体育活动也需要对参与者进行组织。作为一个社会机构或国家机构,这种组织是需要对人力、物力、财力等方面做出大量投入的;而家庭则凭借其天然的关系能随时根据不同情况和需要组织家庭成员进行体育活动。

人们在日常家庭生活中与家庭成员接触多,关系密切,这为体育进入家庭创造了良好的内部条件。人们在生活中渴望与家人一起活动,但在具体的体育实践中却存在着诸多因素导致家庭成员不能如自己所期望的那样在一起活动,这些因素主要有社会因素、家庭因素、个人因素等。总体来看,首先个人在从事体育活动中占据很大的比重;其次是和朋友、同事一起活动;最后才是和家人一起活动。

二、家庭体育的发展趋势

(一)向联合型方向发展的趋势

在现代社会,家庭体育活动的独立性很强。未来社会是一个独生子女和老年化社会,由于家庭成员相对较少,因此对开展体育活动有一定的限制性。所以在未来,单个家庭同另一个家庭(或多个家庭)联合起来共同开展体育活动将变得十分普遍,这既有助于体育活动的开展,又有利于相互交流情感、增添兴趣、增进健康。

(二)与学校体育、社会体育一体化趋势

一个人的发展通常都要经历家庭、学校和社会这三个不同的时期,每个时期对个人的成长都起着举足轻重的作用。家庭教育是一个人发展过程中所经历的第一个时期,它有着学校教育和社会教育不可替代的作用,是实现人终身身心协调发展的重要组成部分。学校教育是个人成长和发

展的重要时期,学生在学校时期增强身体素质,获得知识,掌握为社会服务的本领,对家庭和社会都会产生积极的作用。而社会教育则是学校教育的发展和延伸,也是每一个社会成员的归宿。

另外,一个人的发展也有可能同时处于这一时期,但扮演着三种不同的角色。换句话说,一个人可以是家庭的人,也可以是学校的人,还可以是社会的人,这是由人的社会性所决定的,只是因为教育的不同而将其分为不同的时期。由此可见,家庭体育、学校体育和社会体育本身是一个既相对独立又相互联合的统一体。

(三)农村城市化趋势

目前我国仍是一个发展中国家,与经济相对发达国家比起来还有不小的差距。而我国地区与地区、城市与城市之间也存在着明显的贫富差距。由于经济的发展是同家庭体育的发展相吻合的,在经济较发达的东部和沿海地区及城市,参与体育健身的人多些,而在西部地区和广大农村,参加体育健身的人较少,特别是边远地区的农民就更少。

随着社会的进步和经济的发展,特别是我国在实施西部大开发和建设新农村战略决策后,我国的东西部之间以及城乡之间的差距将会大大减小,农村的建设也将向城市化方向发展。农村主要具有两方面的天然条件,一是农村地理环境优越,面积广大辽阔,人均面积都要大于城市,农村中小康家庭大多具有独立的庭院,而房屋的空间相对较大,给建立家庭健身房或小型球场提供了更加优越的条件;二是生活在农村中的人只有在农闲时或收获后,特别是节庆期间,才会有参加体育活动的时间和心境。但是随着农业现代化的不断发展、新农村建设的不断深入,这种季节性将被一种全新的生活方式逐渐取代,农民的家庭体育文化生活将会更加丰富多彩。在这样的形势和背景下,农村家庭体育活动将向城市化方向发展,这是一个必然发展趋势。

(四)生活化趋势

一方面,现代社会由于科技的发展、生活节奏的加快,大量从事脑力劳动的人们精神严重疲劳,在紧张的脑力劳动之余,进行一些相应的体育锻炼,会使紧张的脑细胞得到很好的放松。科技发展提高生产率的同时也为人们带来了较多的闲暇时间,人们就可以利用闲暇时间自由选择各种形式的体育锻炼;另一方面,城市化速度的加快,人口的稠密,人际关系的冷漠和功利化取向,使以家庭内聚力与以亲属为纽带的家庭之间和家庭成员之间的社会情感、相互交流的需要变得更加迫切和必要。体育作为社会文化生活的重要组成部分,进入每个家庭是需要一定条件的,而现代社会、经济、文化条件都满足了这一需求。

随着我国社会经济的发展,人们的生活领域在不断扩大的同时,其生活价值容量也在不断变大,家庭体育的内涵与外延日益丰富起来,体育从以前的满足人类的生存需要进而发展成为现在的满足人类的享受需要。随着人们生活方式的转变,人们不再单单考虑家庭体育强身健体的功能,还把活动过程和体验本身的价值一一凸显出来,将家庭体育作为一项有意义的活动形式,使自己在身体和精神上都得到休息、放松和享受。

(五)个性化趋势

未来社会的家庭不再仅仅满足于趋同他人,家庭体育将成为人们展示个性的舞台。近些年来,观赏和参与展示个性特征的时尚化的休闲运动和极限运动,如街舞、蹦极、漂流、攀岩、自行车等,更是成为家庭成员特别是青少年健康愉快地打发闲暇时间的必备之选。他们在这些个性化的活动中可以尽情地展示自我、发展自我。

(六)多样化趋势

随着人们生活水平的不断提高,生存意识的不断更新,健身意识、环境意识、自然意识、多元文化意识等的加强,人们开始广泛地追求娱乐享受而积极开展各种各样的体育活动以丰富自己的家庭生活,因此家庭体育活动将呈现出多样化的趋势。

现在,许多家庭都选择各种形式的户外活动俱乐部,如"野营协会""旅游探险小组""垂钓俱乐部"等,还有那些利用自然条件的登山攀崖、游泳滑雪、冲浪潜水和需要适当增加经费投入的跳伞、摩托艇、热气球、保龄球、高尔夫球、赛车等也逐渐走入家庭的视野,成为人们乐此不疲的追求。除此之外,人们为了从家庭体育活动中得到精神享受和亲情的融合,对体育器械的需求也越来越多,用于体育的投资将大大增加。但是,家庭体育器械等受家庭经济、环境等多种因素的制约而发展缓慢、品种单一、价格偏贵。而未来社会并不完全受经济环境等制约,随着科技的发展,会相继产生各种各样的高科技的健身运动器械,体育器械将会呈现出丰富多彩、琳琅满目、推陈出新、新产品层出不穷的局面。随着时间的推移,人们还会挖掘、创造更多的适合家庭体育运动的体育项目。

(七)科学化趋势

随着现代家庭体育的蓬勃开展,生活水平和文化素质的提高,体育科学知识的进一步普及,人们已不再满足于一般简单的体育活动,而是积极寻求体育科学化的指导。参与家庭体育的家庭成员对家庭体育活动诸多方面提出了要求,包括家庭体育的活动形式和活动内容、体育保健咨询。科学锻炼、技术指导、家庭居室锻炼的体育器材、开展家庭体育活动的方法等。人们力求体育参与程度与本身机能特点相适应,运动处方更加科学和有效,体育观赏水平也更加理智化,对体育器材则要求多功能化、小型化。另外,由于体育保健器材需求量的急剧上升,人们对社区生活环境中的体育设施建设格外关心,对体育书刊讲究内在质量、实用和趣味。

第四节 现代社区体育文化体系构建

一、社区体育文化发展的新模式构建

(一)社区体育文化发展的小区模式

1. 社区辐射型体育组织模式
我国社区体育发展之初,社区体育的主导形式受国家体育体制发展的影响,采取的是行政管理制,社区体育发展的行政管理模式的建立也是一种必然。在这种行政主导性的体育组织系统中,小区不同层次的体育活动能够广泛地开展,同时控制活动规模,从而形成行政主导的社区体育组织,并呈现出辐射型的组织结构。

就长期来看,随着我国住宅小区的建设和规范,以行政为主导的社区体育组织管理体制在未来必然会向着更加民主化、以社区居民为主导的方向发展。

2.社区网络状体育组织模式

随着社区体育的不断发展,居民在社区体育中的地位越来越高,并成为社区体育组织的主要"领导者",这一时期,多为民间、行政共建体育组织,构建社团主导型的体育组织系统。

在原有的社区行政主导的基础上,社区体育的体育物质基础设施不断改善,同时基层体育部门的主要职责是在社区体育的发展中给予指导和财政援助,社区组织的发展更多地依靠社区居民自建,在行政指导和居民自建的基础上,形成了网络状的组织结构。

3.社区独立体育组织模式

现阶段我国社区体育组织中,居民的组织和领导地位进一步上升,逐渐发展成为由居民自由结合而成立的社区俱乐部组织,呈现出独立型的组织结构。

这一阶段,社区体育的主要任务是构建会员制俱乐部组织,采用自主管理,以独立经营的俱乐部模式为特征,社区行政管理的权利进一步弱化,主要从体育政策、法规角度进行宏观调控。

(二)社区体育文化发展的学区模式

1.学区模式的特点

学区体育是现阶段面向社会开放学校体育资源,实现社会与学校体育资源共享的一种新型社区体育形式。

社区体育发展的学区模式不以行政区域为划分标准,而是以学校(一个或数个)为中心,向周边社区辐射。它是以学校为主要活动场所,以居民和学生为体育参与对象,依托学校丰富的体育资源开展丰富多彩的体育活动的模式。

社会体育文化发展的学区模式的构建,可以实现学校和社区各种体育资源的共享,营造良好的校园与社区体育文化氛围,二者相互促进,共同发展。

2.学区模式的构建基础

从实际的发展现状来看,在社区体育文化发展的学区模式建立中也存在着诸多问题需要解决。例如,学校体育资源对包括社区居民的社会大众的开放,由于责、权、利不清,服务对象与管理办法不明确等,导致学校体育设施器材的使用频率大幅增加,维护难度也相应增加,同时管理上也大大增加了校方的负担。因此必须充分考虑学校自身的教育活动的正常开展、体育资源损耗、体育运动安全以及学生安全管理等多方面的因素,只有将这些问题都合理协调地解决之后,才能促进社区体育文化发展的学区模式的顺利建立。

当前,建立社区体育文化发展的学区体育模式,必须做好以下六个方面的工作。

(1)以学校为中心进行学区范围的划分,与校方保持联系共同商议建立学区体育模式。

(2)成立学校体育设施对外开放管理委员会,以便对体育设施对外开放使用进行管理。

(3)学校联系社区通过举办各种体育辅导班来吸引社区居民的积极参与,从而提高健身水平。

(4)社区积极寻找学区体育志愿者来对学区居民的体育活动进行有机的辅导工作。

(5)学校与社区共同开展体育竞赛,制订好活动计划,在各个层次上都进行相应的竞赛。

(6)定期举办社区青少年学生和家长协同参加的社区体育活动或竞赛,激发居民参与社区体育的热情。

（三）社区体育文化发展的俱乐部模式

1.体育俱乐部模式的特点

社区体育俱乐部发展模式的特色在于与本社区的具体实际相结合，能最大限度地充分利用本社区的体育设施资源、最大限度地调动本社区居民参与社区体育的积极性和主动性，使社区形成一个良好的体育锻炼氛围。

2.体育俱乐部模式的构建要求

在当前社会发展和市场经济发展条件下，依托社区的自然环境与人文环境，成功运作社区商业体育俱乐部至关重要，要促进体育俱乐部模式的良好构建与发展，应重点考虑以下因素。

（1）服务目标群体因素

稳定的消费群体是体育俱乐部发展的重要基础，在社区商业体育俱乐部创建之初，要满足以下四点条件。

第一，进行市场调查。

调查中的因素要包括地理位置、竞争对手、消费水平、消费习惯以及行业态势等诸多因素，因为社区体育俱乐部只有建立在现实需要的基础上，才能明确经营方向和范围，为目标人群提供准确的服务。

第二，明确目标市场。

在经过全面的市场调查的基础上，充分了解社区的个性化特征，这时还要就新市场形成的可行性进行认真分析，具体来说，就是要针对目标群体进行研究（包括年龄、收入、文化、职业、爱好等），确定市场是否成熟、怎样投资，或者投资额的设定。

第三，实施差别化经营。

当前，我国健身市场竞争激烈，体育俱乐部要想在市场中站稳脚跟，就必须制定科学化的组织，经营与管理策略，例如，通过适当的促销能增进社区体育俱乐部在消费者当中的亲和力；针对上班族的锻炼时段固定的情况，借助价格、超值服务等手段进行经营调整，以确保每天不同时段都有适中的锻炼人数,从而保证良好的健身效果和资源的有效利用;要求俱乐部的服务人员应当对每个健身者的要求有详尽了解,针对不同的健身个体之间的差异确定差异化的、个性化的健身服务。

第四,提供优质服务。

不断提升服务质量是体育俱乐部发展的核心。对于体育消费者也就是健身锻炼者来说,服务会影响其体育消费的忠诚度,健身者会以自己对所消费服务的满意度来评价服务质量,好的健身服务会使健身者向亲友推荐,扩大俱乐部的消费人群。因此,社区体育俱乐部要充分发挥自己的优势和实力,对俱乐部的职员经常进行专业性的服务培训,使其服务水平不断提高,提供舒适、细致的服务,融洽客户与俱乐部的关系,使客户与俱乐部能各取所需。

(2)权重因素

商业化经营需要充分了解市场经济的基本特点、规律和经营影响要素,如此才能实现经济利益的最大化。

西方经济学描述市场的组成因素,用一个公式表示:

$$市场=人口+购买力+购买欲望$$

对影响市场的三个因素具体分析如下:

第一,人口。

一定量的人口是组成市场最重要的因素,近年来,我国的人口发展状况呈现出两方面特点:一方面,农村人口大量流入城市,城市流动人口数量倍增;另一方面,晚婚趋势明显,同时离婚率增高。在考虑人口因素时,我国社区居民的年龄结构、生活方式也是重要的考量因素。

第二,购买力。

经济环境是决定消费者购买力强弱的重要因素,其中包括收入、价格、存款和信贷等多种因素。

第三,购买欲望。

购买欲望具体是指消费者得到那些满足自身需要的特殊物品和服务的愿望。在社区商业体育俱乐部的发展中,消费者对健身服务的购买欲望与社区商业体育俱乐部的服务质量、服务价格的高低、塑造的品牌形象以及服务环境和地理位置等诸多因素密切相关。

综上分析，社区商业体育俱乐部要想不断扩大体育市场，吸引足够多的锻炼者，获得顾客忠诚度，就必须做好以下工作。

首先，在价格相同的基础上，持续提高自己的服务质量。

其次，在俱乐部之间提供的服务质量水平相当时，价格会影响消费者的购买欲望，可适当调整服务价格。

再次，科学选址。社区商业体育俱乐部属于区域经济，人们往往会选择交通便利、周边环境宜人的俱乐部健身，所以社区体育俱乐部的选址几乎是最为重要的因素之一。

最后，加强宣传。培育与发展消费市场是健身俱乐部持续经营和发展的重要基础。健身市场做得越大，投资者收获也就越大。为扩大和发展市场，健身俱乐部应做好宣传工作，不断提高俱乐部的知名度与美誉度。一方面，体育俱乐部可以通过媒体或标牌进行健身宣传，为居民开展健身咨询，培养社区居民的健身意识。另一方面，体育俱乐部可以与街道办事处积极合作，联手举办面向整个社区的社区体育活动。此外，不同的社区商业体育俱乐部间可以举办一定数量的体育比赛，以加快社区商业体育俱乐部发展和树立自身形象。

特别值得提出的是，虽然我国的社区体育组织多为公益性的，社区居民可以免费参加，但是设备不齐全，健身指导不专业，而在社区体育俱乐部和体育健身中心这些专业性的体育场所，需要居民承担一定的消费支出。

二、社区体育文化服务体系的构建与完善

(一)社区体育服务体系的内容

1.组织服务

社区体育各项服务工作的开展需要一定的组织机构来承担和具体

实施。

目前,我国社区体育项目的组织机构主要有两种,一种为官方的正式组织;另一种为由居民自发组成的非正式组织。

(1)正式组织。无论是在工作形式上还是组织人员编制上都拥有较为完善和系统的规章制度和活动方法,该组织举办的社区体育活动通常较为正式,活动环境较好,影响力较大,能充分调动和利用社区的各种体育资源。

(2)非正式组织。由社区中拥有相同体育爱好和运动需求的民众自由自发组成的体育组织。与正式组织相比,由于不能完全利用社区体育资源,所以在组织的活动规模上和影响力都不能与正式组织相媲美。但是,非正式组织的组成人员较为灵活,活动方式多样,活动较为频繁。现阶段,在我国大中城市,承担我国基层社区体育组织服务工作的就是地区办事处。各地地区办事处作为社区体育服务的主管部门,领导着下辖的各个社区,直到它们落实好社区体育发展的政策和服务,为相关体育活动提供资源保障。

2.设施服务

设施服务是保证社区体育正常开展的物质保障。设施完善与否,也直接决定了社区体育服务的质量,只有设施服务到位,才能真正开展活动,否则一切都是空谈。

就全国范围来看,我国社区居民健身路径呈不断增加的趋势,但是由于我国人口众多,从整体来说,我国社区健身路径的配置数量是非常少的,人均占有量极低。

当前社区设施服务应做好以下两个方面工作。

一方面,增加基础设施建设。近些年来,国家非常重视现代化社区及其服务提供机构的设置和管理,这使社区的功能性逐渐得到完善,进而使社区体育服务工作也渐渐走上正轨。最典型的表现就是在社区中修建和完善的体育场地,器材逐渐增多。这些物质资源有力地保障了社区居民参加体育运动的物质基础。

另一方面,提高体育设施利用率。为保证社区体育设施服务到位,就要在可能的情况下充分利用政府等多种团体提供的体育资源,并做到合理利用、高效利用。

3.技术指导

社区体育管理组织拥有辖区内所有体育资源的调配权和使用权,这些体育资源中就包含了体育人才资源。因此,在社区体育服务体系中就存在指导服务。

健身锻炼是一门科学,它区别于随意性的体育活动,表现出更多系统的、有规律的活动。因此,需要专业性的指导就成为一种必然。社区体育指导员是我国社区体育健身人才队伍建设的骨干力量。

从整体来看,我国社区体育的人力资源不够多,社会体育指导员较少,因此,为了促进社区体育建设的顺利进行,政府应集合社会各方面的力量,加强对社会体育指导员进行多方面、多途径的培养,以使社区居民能够在科学指导中参与体育健身运动。

4.经费支持

体育服务经费是社区体育服务的重要保障,可以说,没有经费的支持,很多体育服务都无法进行。

现阶段,做好社区体育的经费补充相关工作应从以下两方面入手。

宏观方面,国家有关部门可以想方设法从多种渠道为社区体育服务提供经费,如在体育彩票的获利中拿出一部分专门作为开展社区体育的经费等。

微观方面,社区自身应在正当渠道和方法下与企业合作获得赞助。当然,一些特殊的体育服务还可以适当向居民收取一定的费用,但应注意这种收费不应以营利为目的。

5.信息服务

当今社会是信息社会,各种信息交流、传播速度快,伴随着社会化与数字信息化的到来,体育事业的蓬勃发展离不开先进的体育信息处理平台,社区体育建设也离不开信息化的发展。

从社区体育信息服务形式来看,我国大部分社区对体育健身的宣传都具有多样化的特点,不仅包括信息宣传栏、通告栏、社区 LED 显示屏、社区电视广播、社区横幅、海报等,还包括社区 QQ、微信、论坛等新兴虚拟媒体载体,这些信息服务充分保证了我国社区体育活动的多样化,使其能够频繁开展。

新时期,社区体育服务必须在"服务"的理念下开展,并且始终不能脱离"服务"的本质。为了不脱离"服务"的本质,应明确各项服务内容与服务要求。

(二)社区体育服务体系的构建与完善要求

1. 符合我国基本国情

由于国家制度、社会背景及发展程度不同,社区体育服务体系的构建也必须以立足于中国社区体育服务的客观需求为目标,要有利于我国社区体育服务的发展。因此,构建适合中国的社区体育服务体系应当在符合我国国情的基础上,切实立足中国社区体育服务的客观需求。社区体育服务体系必须与中国的实际情况结合起来,才能得到有效运用并发挥作用。

2. 满足居民体育需求

在中国迈向小康社会的进程中,社区体育服务随着中国社会制度改革和经济发展而发展起来,它的健康发展对不断完善有中国特色的社区体育形式有积极的作用。

随着中国居民的经济文化水平不断提高,人们对于健康的需求意识也越来越强烈。所以目前的情况就是公众渴望获得高质量的社区体育服务,其对社区体育服务的需求进一步增强,要求也随之增高。信息化社会的到来,使人们了解新事物的周期不断缩短,信息量逐渐增大,人们越发想尝试新潮的体育活动。然而与这种想法不相匹配的是目前广泛开展的社区体育项目仍旧显得陈旧且方式单调,不能与时代接轨。

目前,社区体育项目的更新滞后问题已经成为影响社区体育发展的主要因素之一。社区居民期望自己所居住的社区能够组织与时俱进、丰富多彩的体育活动。充分了解居民健身需求,开发出适合社区居民参加的体育健身活动是当前构建科学社区体育服务体系和促进其不断发展完善的重要途径之一。

3.体现公众本位理念

社区体育服务体系的运作要突出反映公众参与服务，接受服务的变化以及社区服务能力的高低，并以此引导相关的政府主管部门的体育管理工作向提高体育服务能力的方向发展。

社区体育服务体系自身就是一种服务和公众至上的管理机制，这一体系的存在能够加强公众对政府、社区公关部门的信任，从而突出"公众本位"的服务理念，向公众强调政府是社区体育服务的供给者，贯彻社区体育服务必须以公众为中心，以公众的需求为社区体育健身资源开发与利用的基本导向。

4.提高公众满意度

社区居民是社区体育健身的参与主体，因此，社区体育服务应充分考虑居民的满意度，以社区居民的满意程度作为社区体育服务效果的最终评价。社区体育服务从本质上来说就是政府提供的公共服务，所以它具有公共性和福利性的属性。这就要求社区体育服务体系的建立与完善要以社区公众为最终评价者，树立顾客意识，在提供各项社区体育服务体系时尽最大努力满足公众的体育参与和发展需求。

5.突出社区发展特色

创新是社区体育发展的生命力，也是社区体育服务工作的一个重点。当前，社区体育服务体系的建立与完善应结合不同社区的具体的特点来进行。社区体育服务要做到与时俱进，符合社区居民的整体体育参与和发展需求，体现出不同社区体育服务的特色（如服务形式、体育项目设置、服务标准定位等）。

参考文献

[1]陈梅.初中校园体育文化建设可持续发展的研究[J].今天,2021
(7):225.

[2]程会娜.大学生校园体育文化解析[M].北京/西安:世界图书出版公
司,2018.

[3]冯世勇.体育文化与实践研究[M].北京:中国政法大学出版社,2019.

[4]高俊波.高中体育竞赛与校园文化建设互动研究[J].文体用品与科
技,2023(18):49—51.

[5]高振东,李利强,张烁.体育强国视域下青少年校园篮球特色学校文化
建设困境及策略研究[J].体育科技文献通报,2020(5):100—102.

[6]辜美华,刘金鹏,谢丽华.中学校园体育文化建设方法研究[J].长江丛
刊,2018(17):278.

[7]顾静霞.体教融合趋势下高校校园体育文化建设的研究[J].当代体育
科技,2022(5):140—143.

[8]韩明扬.小学校园体育文化建设的研究[J].文体用品与科技,2021
(2):190—191.

[9]胡波.学校体育在校园文化建设中的价值研究[J].运动,2014(6):83—84.

[10]吉玉良.高校运动校园建设的理论与实践研究[M].长春:吉林人民
出版社,2019.

[11]纪超香.校园体育文化构建与课程设置[M].北京:中国纺织出版
社,2017.

[12]蒋玉梅.大学体育与校园文化[M].武汉:中国地质大学出版

社,2010.

[13]康丹丹,施悦,马烨军.高校体育文化建设与大学生体育健康[M].长春:吉林人民出版社,2020.

[14]乐玉忠,张伟.校园篮球文化建设与教学创新探索[M].北京:中国商业出版社,2018.

[15]李超.基于小篮球运动推广背景下校园体育文化建设与路径研究[J].商丘师范学院学报,2022(6):107-109.

[16]李春茂.中职校园体育文化建设研究[J].文体用品与科技,2017(8):73-74.

[17]梁帅,梁久学.体育创新研究与探索[M].北京:北京燕山出版社,2018.

[18]梁太相.中职校园体育文化建设研究[J].文体用品与科技,2017(12):44-45.

[19]刘少华.学校体育与校园文化建设研究[M].北京:中国原子能出版社,2017.

[20]卢骥.高中体育竞赛与校园文化建设互动研究[J].考试周刊,2019(99):114-115.

[21]卢晓中.学校管理案例研究[M].广州:华南理工大学出版社,2018.

[22]任晋军,王肖天.普通高校竞技体育品牌建设研究[M].上海:上海交通大学出版社,2020.

[23]汪庆波,柴伟丽.新时代小学校园体育文化建设研究[J].教学与管理,2021(10):53-56.

[24]王金彤.体育精神对校园文化建设的驱动力研究[J].青少年体育,2018(10):37-38.

[25]王向东,孙硕,张昌盛.校园足球推广下学校体育文化目标建设与路径研究[J].四川体育科学,2020(1):112-115.

[26]王小维.高中体育教学推动校园体育文化建设的路径研究[J].当代体育科技,2019(24):188,190.

[27]王学文.论学校体育竞赛组建与校园文化建设的互动[J].运动,2017(2):75－76.

[28]吴延丰,崔强.民办高等学校校园体育文化建设的研究与探索[J].科技资讯,2016(19):118,120.

[29]武佳,马利涛.中职校园体育文化的建设途径研究[J].新教育时代电子杂志(教师版),2020(6):249.

[30]徐健.校园体育文化建设对提高学生体育素养的研究[J].当代体育科技,2018(25):108,110.

[31]徐兴国.校园足球可持续发展研究基于实践的探索[M].镇江:江苏大学出版社,2020.

[32]许万林,王云升,付世秋,等.高校校园体育文化建设研究[J].体育世界(学术版),2019(2):137－138.

[33]严杰.体育强国视域下青少年校园篮球特色学校文化建设困境及策略研究[J].运动－休闲:大众体育,2021(1):6.

[34]严美萍.高校健美操与校园体育文化的协同发展研究[M].长春:吉林大学出版社,2019.

[35]余万斌.多校区高等职业学校校园体育文化建设研究[J].体育世界(学术版),2007(6):8－9.

[36]张斌.校园体育文化与马拉松运动研究[M].长春:吉林人民出版社,2019.

[37]张明波.学校体育文化研究[M].北京:光明日报出版社,2017.

[38]张伟,孙哲.体育教学功能解析与实现途径研究[M].北京:中国商业出版社,2018.

[39]张小晴,金飞.建设小学校园体育文化的价值与实践路径之研究[J].体育风尚,2022(5):140－142.

[40]赵金林.校园体育文化建设与实践探究[M].北京:中国书籍出版社,2018.